Hans Stolp
Indigo-Kinder sind unsere Zukunft
Wer sie sind und was sie uns lehren

Hans Stolp

Indigo-Kinder
sind unsere Zukunft

Wer sie sind und was sie uns lehren

Aus dem Holländischen von Andrea Fischer

Aquamarin Verlag

1. Auflage 2011
© der deutschen Ausgabe:
Aquamarin Verlag GmbH • Voglherd 1 • 85567 Grafing

Titel der holländischen Originalausgabe:
De levensopdracht van nieuwetijdskinderen
© 2010 Uitgeverij Ankh-Hermes, Deventer
Umschlaggestaltung unter Verwendung von MMchen / photocase.com:
Annette Wagner

ISBN 978-3-89427-559-4

Druck: Berker Kevelaer

Inhalt

Für Adry

Schon als kleines Mädchen hast du hinter den Schleier geblickt:
Du hast das gesehen, was die Menschen eigentlich meinten.
Du hast die Gefühle erspürt, derer sie sich selbst
noch nicht bewusst waren und die sie noch nicht artikulieren konnten,
und du dachtest, das sei alles ganz normal.

Schon von klein an hast du die Verantwortung
für andere übernommen, die deine Zuwendung und Hilfe brauchten,
Helfen konntest du immer, und anderen
deine Zuwendung zu schenken, war für dich eine Selbstverständlichkeit.

Das Leben hat es dir nicht leicht gemacht
und dir viele Lektionen beschert. Doch du hast entdeckt,
dass es möglich ist, an den Lektionen des Lebens zu wachsen
und weiser zu werden.
So hast du gelernt,
das Leben als Lernstube zu betrachten.

Sobald du dich für diesen Weg entschieden hattest,
hast du Folgendes festgestellt: „Ich habe einst
die Lektionen meines Lebens selbst gewählt.
Ich wünschte sie selbst, um daran zu wachsen
und geistig bereichert zu werden."

Bei alledem hast du deine eigene Kraft
als Frau entdeckt: Du hast gelernt, dass du auf diese Kraft
vertrauen und darauf bauen kannst:
Sie hat dich zu der starken Frau gemacht, zu der du nun
geworden bist: Sie hat dir deine Schönheit geschenkt, deine Kraft.

Immer im Dialog mit „dort droben", zapfst du
über das Band mit Christus den Mut und die Kraft,
um immer wieder vorwärts zu gehen:
Das macht dich zu einer weisen,
am Leben gereiften Frau.

Danke dafür, dass du so bist, wie du bist, und gibst, was du gibst!

1.

Ein Kind der Neuen Zeit erzählt seine Geschichte

Anders als andere

Vor ein paar Jahren erzählte mir eine junge Frau – sie war um die Dreißig – ihre Lebensgeschichte. Was sie erzählte, hat mich betroffen gemacht; denn es war eine bekannte Geschichte, die ich inzwischen schon oft in den verschiedensten Variationen zu hören bekommen habe. Viele inzwischen erwachsene *Kinder der Neuen Zeit* haben in ihrer Jugend dieselben Erfahrungen gemacht. Sie hatten als Jugendliche beinahe alle das Gefühl, dass sie als einzige ein wenig seltsam waren und anders als „normale" Menschen im Leben standen. Stück für Stück wurden sie dadurch zu Menschen, die sich innerlich „verschlossen", weil sie lernten, ihre Gefühle für sich zu behalten und es niemals wagten, diese zu zeigen. Dadurch wurden sie zu Menschen, die im späteren Leben lernen mussten, sich aller ihrer bisher verdrängten Gefühle im Nachhinein bewusst zu werden, diese zu durchleben und daraufhin zu lernen, diese auch zu zeigen. Wahrlich eine schrecklich schwere Aufgabe, die viele Menschen auch erst dann meistern, nachdem sie eine schwere Lebenskrise durchgemacht haben.

Es ist zu hoffen – und mit aus diesem Grunde habe ich dieses Buch geschrieben – dass der heutigen Generation der *Kinder der Neuen Zeit* (den *Kristallkindern, den Indigo-Kindern* und *den Regenbogenkindern*) mit mehr Verständnis begegnet wird und man sie besser begleitet, so dass diese Kinder nicht (mehr) „zumachen" und sich verschließen, sondern es unbefangen wagen, ihre Gefühle, Erfahrungen und Ideen mitzuteilen. Gelingt es, so ist dies nicht nur ein Geschenk für diese Kinder selbst, sondern auch für unsere Gesellschaft, die dank dieser Kinder lernen darf, das Leben und seine großen Fragen auf eine andere, neue Art und Weise zu betrachten.

Sehen, was anderen verborgen bleibt

Die junge Frau erzählte:

„Als Kind fühlte ich mich immer als Außenseiterin. Irgendwie war ich von klein auf anders als andere Kinder – ein Phänomen, das die Menschen in meinem Umfeld mich subtil auf vielerlei Weise spüren ließen. Warum ich anders war, verstand ich nicht. Erst viel später bemerkte ich, dass nicht jeder die Dinge sehen konnte, die ich sah, und nicht jeder das fühlte, was ich empfand. Erst viel später begriff ich, dass es nicht normal war, die Aura der Menschen zu sehen und mit dem eigenen Schutzengel zu sprechen. Damals, als Kind, dachte ich, dass jeder um die Menschen herum Farben sehen könne. Daher verstand ich nicht, warum die Menschen so abweisend reagierten, sobald ich versuchte, das zu beschreiben, was ich da sah.

Ich merkte auch, dass die Menschen es nicht toll fanden, wenn ich sagte, was ich spürte: Dass sie nämlich wütend, enttäuscht oder was auch immer waren. Nun verstehe ich das nur zu gut: Die Menschen fühlen sich leicht ertappt, wenn man sagt, was man über sie weiß oder erkennt. Damals habe ich das nicht verstanden, doch aufgrund der Reaktion meiner Mitmenschen begriff ich sehr schnell, dass ich besser nicht sagen sollte, was ich eigentlich fühlte, sah oder dachte. Das bedeutete ja unzweifelhaft, dass ich immer zu allem „meinen Senf dazugab". Die Erfahrung lehrte mich, dass ich dafür ausgelacht oder merkwürdig angeblickt werden und die Menschen barsch antworten würden, dass ich nicht recht hätte. Daher war es besser, nur noch die Dinge zu sagen, die offensichtlich von mir erwartet wurden. Meine eigenen Gedanken, Gefühle und Erfahrungen behielt ich indessen seither für mich."

Natürlich machte diese Erfahrung sie einsam und unsicher. Wenn man es nicht wagt auszusprechen, was man eigentlich fühlt und denkt, wird man automatisch ein verschlossenes und unsicheres Kind. Es lag somit auch auf der Hand, dass sich bei ihr in der Schule allerhand Probleme einstellten. *„Auch in der Schule"*, so erzählte sie, *„wurde ich betrachtet wie jemand, der ein wenig seltsam und anders war. Daher war die Schule für mich eine Katastrophe. Ich habe sie gehasst. Ich wurde viel geärgert, und die anderen Kinder ließen mich links liegen. Ich gehörte nicht dazu, denn ich war ja ein Sonderling. Eine Zeit lang wagte ich mich sogar nicht mehr in die Schule, weil ich auf dem Heimweg immer von einer Gruppe von Mitschülern abgepasst und verfolgt wurde. Dass ich dennoch wieder in die Schule gegangen bin, kam nur dadurch, weil ich es nie wagte, daheim etwas über diese Schikanen zu erzählen."*

Die Schulzeit war eine einzige Katastrophe

Sie wagte es also nicht, mit ihren Eltern über ihre Erlebnisse zu reden. Sie hatte das Gefühl, dass es nur an ihr selbst lag. Sie war ja schließlich diejenige, die anders war als die anderen, und folglich musste es ja wohl auch an ihr selbst liegen, dass sie geärgert und gepiesackt wurde. Doch da sie es nicht wagte, darüber zu sprechen, und ihre Eltern dachten, dass es ihr gut ginge, lastete die Einsamkeit in jenen Jahren noch schwerer auf ihr als bisher.

Auch auf die Bildung, die sie an dieser Schule genoss, reagierte sie, ebenso wie viele *Kinder der Neuen Zeit*, nicht besonders positiv. *„Was wir an der Schule lernten, hatte nichts, aber auch gar nichts, mit dem normalen Alltagsleben zu tun. Damals, als Kind, wusste ich, dass ich später von all diesen nutzlosen Dingen, die wir dort lernen mussten, rein gar nichts brauchen würde."*

Viele *Kinder der Neuen Zeit* reagieren genauso negativ auf den Unterricht. Was sie suchen und an der Schule zu finden hoffen, sind weniger die verschiedenen Rechen- und Sprachunterrichtsstunden – sie suchen vielmehr vor allem Hilfe bei den Dingen, die sie erleben, um diese verstehen und in ihrem Leben integrieren zu können. Darüber hinaus möchten sie lernen, ihrer Verspieltheit und ihrem Bewegungsdrang Ausdruck zu verleihen. Sie wollen tanzen und ihrer Fantasie freien Lauf lassen. Sie wollen auch wissen, wie sie den Frieden auf Erden herbeiführen können. Sie wollen wissen, wie sie mit Konflikten umgehen müssen und lernen können, für sich selbst besser einzustehen. Außerdem möchten sie gern etwas über die Geistige Welt erfahren, weil sie selbst noch eng mit dieser Welt in Kontakt stehen und leben. Sie wollen sich kreativ äußern können, weil sie gerade in ihrer Kreativität ihr tieferes Wissen und Gespür zum Ausdruck bringen können. Kurzum: Die Bildung, die sie suchen und wünschen, muss an ihre Erlebniswelt, ihre Fragen sowie an die Bilder und kreativen Möglichkeiten, die in ihnen leben, anknüpfen. Dies bedeutet folglich, dass sie eine ganz andere Form des Unterrichts suchen (und brauchen!), als es das gängige aktuelle Bildungssystem hergibt.

Selbstmord

Als Kind wurde die junge Frau also in der Schule ständig geplagt und geärgert, nur weil sie anders war. *„Doch"*, sagte sie, *„wenn ich versuchte, mich selbst zu schützen, indem ich mich zurückzog und so still wie nur möglich verhielt, um so wenig wie möglich aufzufallen, wurde ich noch mehr geärgert, und es wurde alles nur noch schlimmer."*

Natürlich ziehen derartige Erfahrungen bei einem Kind schwere Folgen nach sich. Es verliert nicht nur seine Unbefangenheit, sondern auch jedes Gefühl von Selbstvertrauen – und natürlich verliert es auch das Urvertrauen in andere Menschen. Wenn man fortwährend vor unerwarteten Schikanen auf der Hut sein muss, verliert man das Vertrauen in andere Menschen geradezu im Eiltempo. *„Mein Selbstwertgefühl"*, erzählte die junge Frau, *„schwand zusehends, und im Handumdrehen war nichts mehr davon übrig geblieben. Ich hatte das Gefühl: „Ich bin nur ein Trottel. Ich kann nichts. Ich bin nichts. Ich bin nur eine Null, ein Niemand." So fühlte ich mich in jenen Jahren. Manchmal kam mir damals der Gedanke, dem allen ein Ende zu setzen. Ich wollte lieber sterben, als so leben zu müssen. Ich wusste, dass ich dann wieder in die Welt des*

*Lichtes zurückkehren durfte, und das erschien mir herrlich, denn
dann würde ich von allem Elend befreit sein. Doch ich wusste nicht
recht, wie ich das anstellen sollte, und daher ist es glücklicherweise
niemals dazu gekommen."*

Es sind in der Tat in den letzten Jahren einige Kinder an Selbst-
mord gestorben, nur weil sie nicht wussten, wie sie in einer derartigen Atmosphäre der Ohnmacht und Einsamkeit weiter leben
sollten. Auch deshalb habe ich dieses Buch geschrieben, um dieses Thema zu enttabuisieren und dabei zu helfen, rund um diese
Thematik in der Gesellschaft eine offene Atmosphäre zu schaffen.
Eine Atmosphäre, die es Kindern ermöglicht, unbefangen über ihre
Gefühle und Erfahrungen zu berichten, auch wenn es sich dabei
um Erfahrungen handelt, welche die Erwachsenen in ihrem Umfeld
nicht direkt von sich selbst (er-) kennen und verstehen. Letzteres
ist bei *Kindern der Neuen Zeit* häufig der Fall: Sie stehen so ganz
anders als viele Erwachsene in ihrem Umfeld im Leben, mit anderen
Gefühlen, anderen Gedanken und anderen Erfahrungen. Dadurch
bekommen diese Erwachsenen automatisch das Gefühl: „Dieses
Kind ist so ganz anders als ich selbst als Kind war. Ich erkenne mich
in ihm kaum wieder." Die Erwachsenen müssen lernen, die Kinder
aufgrund dieser Kluft nicht abzulehnen, sondern diese Kluft gerade
mit Respekt und Liebe zu überbrücken.

Das Gefühl, ein Pionier zu sein

Wenn ein Kind täglich mit derartigen Todessehnsüchten ringen
muss und es im Umfeld des Kindes keinen Erwachsenen gibt, der
mit einem wachsamen und liebevollen Blick erkennt, was nun eigentlich mit diesem Kind los ist, fühlt es sich natürlich völlig allein
gelassen. „*Ich fühlte mich immer einsam*", berichtete die junge Frau
dann weiter, um – sehr auffällig – in einem Atemzug anzufügen:
„*Doch daneben existierte – es mag vielleicht verrückt klingen – noch
ein ganz anderes, ein ganz fremdes Gefühl in mir, das ich überhaupt
nicht verstehen, geschweige denn erklären konnte. Dies war das Ge-*

fühl, dass ich irgendwie für andere Menschen der Vorreiter war – so, als ob ich etwas spürte, sah oder wusste, was andere Menschen noch nicht spüren, sehen oder wissen konnten, sondern sich erst später aneignen würden. Natürlich", sagte sie, *„konnte ich diese Gefühle damals nicht auf die gleiche Weise in Worten ausdrücken, wie ich das heute tue. Es war ein Gefühl, das zwar ganz stark war, das ich zu jener Zeit jedoch gewiss nicht hatte in Worte fassen können. Erst viel später ist es mir endlich gelungen, Worte dafür zu finden."*

„Aber", so fuhr sie fort, *„wenn ich trotzdem versuchte, dem anderen nach 'Salamitaktik-Manier' doch etwas über diese Gefühle mitzuteilen, die ich selbst nicht verstand, dann wurde ich umgehend als jemand ausgelacht, der hochmütig war und sich gar nichts einzubilden brauchte, und so fort. Auch solche Erfahrungen brachten mich dazu, wieder zu schweigen und meinen Mund zu halten."*

Das Leben wurde zum Kampf ums Überleben

„Ich fand es grässlich", erzählte sie, *„dass ich anders war. Ich wollte so gern dazugehören. Daher gab ich mein Allerbestes, um mich anzupassen und genauso zu sein wie die anderen Kinder. Ich gab wirklich mein Bestes, so weit es mir nur irgendwie möglich war. Aber natürlich gelang es mir niemals ganz, was ich auch tat und versuchte. Ich blieb in den Augen der anderen Kinder eine Fremde, eben einfach anders."*

Doch wer sich so weit wie möglich anpasst und seine eigene Persönlichkeit verleugnet und unterdrückt, wird natürlich ganz verkrampft – er wird letztendlich sogar sich selbst verlieren. Dies geschah auch mit dieser jungen Frau. Sie erzählte: *„Ich wusste plötzlich nicht mehr, wer ich eigentlich war, was ich wollte und was ich wirklich fühlte. Ich verlor mich selbst."*

So wurde jeder Tag ihres Lebens zum Kampf ums Überleben. Auf der höheren Schule war es nicht anders als in der Grundschule: Auch dort diese Schikanen, diese Verkrampfung. Auch dort fand sie keine Anerkennung und entwickelte eine stetig wachsende Todessehnsucht.

Das Forum für Kinder der Neuen Zeit

Doch dann, als sie Anfang zwanzig war, hörte sie zufällig – aber was ist schon zufällig? – eine Radiosendung. In dieser Sendung war die Rede von den *Kindern der Neuen Zeit*. Es fand auch ein Interview mit einem *Kind der Neuen Zeit* statt. Sobald sie dieses Interview hörte, spürte sie: *„Da geht es um mich. Das bin ich! Das ist meine Lebensgeschichte."* Mit heißen Ohren lauschte sie und verstand sofort: *„Ich bin nicht die Einzige, die so fühlt und denkt. Es gibt noch viel mehr Menschen, die so sind wie ich."* Gegen Ende der Sendung wurde eine Telefonnummer des *Forums für Kinder der Neuen Zeit* genannt. Sie rief sofort an. Ein freundlicher Mitarbeiter am anderen Ende der Leitung hörte sich ihre Geschichte aufmerksam an und riet ihr, so schnell wie möglich einen Termin mit einem der Therapeuten zu vereinbaren, die Erfahrung mit der Begleitung von *Kindern der Neuen Zeit* hatten. So saß sie nach wenigen Tagen bei einem Therapeuten, der sich auf die Begleitung von *Kindern der Neuen Zeit* spezialisiert hatte.[1]

„*Endlich*", sagte sie, „*konnte ich meine Geschichte loswerden. Endlich gab es jemanden, der verstand, was ich mitgemacht hatte. Jemand, der meine Geschichte nicht verrückt fand, sondern der vielmehr sagte: „Es ist ein Wunder, dass du das überlebt hast." Endlich begegnete ich jemandem, der wirklich verstand, was ich in meinem Inneren erlebte, und der das nicht verrückt fand, sondern mir einfach half, diese Gefühle anzunehmen und zu verstehen.*" Allein schon dieses Gefühl des Angenommenseins und dieses Verständnis wirkten heilend und heilsam. Das Ganze wurde noch verstärkt, als sie LeidensgenossInnen begegnete – LeidensgenossInnen mit den gleichen Erfahrungen und Gefühlen. Junge Menschen, die in gleicher Weise wie sie im Leben standen und nahezu alle eine gehörige Portion Ablehnung und Unverständnis hatten verkraften müssen.

Aus der eigenen Schwäche zur eigenen Kraft kommen

Inzwischen lag dieser Durchbruch nun schon zehn Jahre zurück. *„Und jetzt, zehn Jahre später"*, sagte sie, *„habe ich mich endlich selbst wiedergefunden. Die Therapie und der Kontakt mit Leidensgenossen haben mir sehr gut getan. Ich habe akzeptiert, dass ich anders bin. Doch nicht nur das – ich habe festgestellt, dass ich nun gerade aus meiner Andersartigkeit meine Kraft schöpfe, und dass ich damit die Welt ein klein wenig genießen kann. Ich habe folglich gelernt, aus meiner Schwäche eine Stärke zu machen, und dadurch hat sich mein Leben völlig verändert."* Wie wahr diese Feststellung war, hatte ich inzwischen schon an der würdevollen, aber auch sehr starken Art und Weise gemerkt, wie sie bis hierher ihre Lebensgeschichte erzählt hatte.

Sie fuhr fort: *„Was ich inzwischen auch gelernt habe, ist, meine Sensitivität zu akzeptieren. Daher lasse ich es auch nicht mehr an mich heran, wenn meine Mitmenschen mich als übersensibel bezeichnen. Ich besitze auch nicht mehr das unbedingte Verlangen, genauso zu sein wie die anderen: Ich bin ich, und das ist gut so. Dadurch kann ich heute wieder fröhlich sein und lachen. Außerdem versuche ich, deutlich zu sagen, was ich fühle und denke, auch wenn mir das manchmal schon noch ein wenig schwerfällt – der alte Mechanismus des Schweigens, des 'Mundhaltens', steckt schon ganz schön tief in mir fest. Und es scheint so, als müsse man diese Ohnmacht immer wieder neu, dann aber auf einer noch tieferen Ebene, überwinden."*

Das Kind eines Kindes der Neuen Zeit

Diese junge Frau ist nicht das einzige *Kind der Neuen Zeit*, das einen schweren Dämpfer verpasst bekommen hat, um sich selbst zu finden und zu akzeptieren. Es gibt viel mehr Kinder wie sie, und es werden auch immerzu noch mehr *Kinder der Neuen Zeit* geboren.

Eine andere junge Frau, die mit einer ähnlichen Lebensgeschichte aufwarten kann, ist inzwischen verheiratet und hat zwei Kinder. Eines dieser beiden Kinder ist ganz klar ein *Kind der Neuen Zeit.* „*Manchmal*", so erzählt die Mutter, „*sehe ich, wie mein zweijähriger Sohn konzentriert in eine Ecke starrt, wo nichts zu sehen ist. Doch ich weiß, dass er sehr wohl etwas sieht, denn ich sehe es ebenfalls: Dort steht der Opa meines Sohnes, mein Vater, der vor kurzem gestorben ist, jedoch regelmäßig bei uns vorbeischaut. Manchmal sehe ich meinen Vater nicht, aber ich spüre seine Anwesenheit. Oft sehe ich dann meinen Sohn auf genau dieselbe Stelle starren, wo ich meinen Vater zu spüren glaube.*"

Es dürfte deutlich geworden sein, dass dieses kleine *Kind der Neuen Zeit* Glück hat: Es hat eine Mutter bekommen, die ihren Sohn versteht und genau weiß, was er erlebt und was noch alles auf ihn zukommen wird. „*Auf jeden Fall werde ich dafür Sorge tragen*", sagt sie leidenschaftlich, „*dass er eine gute Schule findet, in der es mehr darum geht, wer er ist, als darum, was er leistet.*"

Die Mission der Kinder der Neuen Zeit

Anhand dieses letzten Beispiels erkennen wir, dass unsere Gesellschaft glücklicherweise immer mehr Verständnis für die Tatsache entwickelt, dass viele Kinder der heutigen Zeit anders im Leben stehen als frühere Generationen. Diese Kinder besitzen eine andere Lebenshaltung, andere Begabungen und haben spirituelles Bewusstsein entwickelt. Die Mutter des oben erwähnten *Kindes der Neuen Zeit* weiß das und trägt dem voll und ganz Rechnung.

Ich hoffe, dass alle *Kinder der Neuen Zeit*, die jetzt geboren werden, Eltern bekommen, die so verständnisvoll sind wie im letzten Beispiel. Dann können diese Kinder, wenn sie einmal erwachsen sind, hundertprozentig und mit ihrem ganzen Einsatz an der großen Aufgabe arbeiten, für die sie gekommen sind – nämlich unsere Gesellschaft zu einer Gemeinschaft umzubilden, die die Liebe ernst nimmt, die Ehrfurcht vor allen Menschen kennt, ganz gleich, aus welchem Kulturkreis sie stammen und welchem Glauben sie auch anhängen mögen, und die weiß, dass Mutter Erde ein lebendiges Wesen ist, das Heilung braucht. Das ist die große Mission, für die wir in unserer heutigen Zeit einstehen!

In kurzer Zeit hat sich übrigens der Begriff „*Kinder der Neuen Zeit*"* bei uns fest eingebürgert. Folglich besteht aufgrund der oben zitierten Geschichten berechtigter Anlass zu folgenden Fragen: „Was ist denn nun eigentlich ein *Kind der Neuen Zeit*, und seit wann sprechen die Menschen über dieses Thema?" Oder: „Wie und wann ist dieses Thema eigentlich aufgekommen, und welche Entwicklung steckt dahinter?"

---

* In Deutschland ist der Begriff „Indigo-Kinder" gebräuchlicher. (Anm. d. Vlg.)

2.

Daran erkennt man die Kinder der Neuen Zeit

Seit den achtziger Jahren fällt es immer mehr auf ...

Seit den achtziger Jahren des vorigen Jahrhunderts fällt es immer mehr auf, dass andere Kinder geboren werden als früher. Insbesondere in Amerika ist man zu dieser Erkenntnis gekommen. So war es beispielsweise die Amerikanerin Nancy Ann Tappe, die als Erste über das Phänomen der „Indigo-Kinder" berichtet hat, einer der Begriffe, womit heute die *Kinder der Neuen Zeit* bezeichnet werden.[2]

Sie berichtet: „Ich denke, dass ich es im Jahr 1982 erstmals festgestellt habe. Es war mir schon viel früher aufgefallen, doch damals hatte ich es noch nicht benannt. Erst um das Jahr 1985 herum erkannte ich, dass es sich nicht nur um ein vorübergehendes Phänomen handelt."[3]

Tappe nannte die „neuen" Kinder „Indigo-Kinder". Das rührte daher, weil sie intuitiv bei jedem Menschen eine bestimmte Farbe wahrnahm, entsprechend seinem Verhalten und dem Typ von Mensch, den er darstellte. Nun „sah" sie in den achtziger Jahren, dass zwei Farben – und damit folglich auch zwei Menschentypen – am Verschwinden waren: Fuchsiarot und Magenta. Es tauchte jedoch eine neue Farbe auf und wurde bei manchen Kindern sichtbar: Indigo, eine herrlich intensive, tiefblaue Farbe. So kam sie zu der Erkenntnis, dass offensichtlich ein neuer Typ von Mensch geboren wurde: Sie bezeichnete diesen neuen Typ von Kind als „Indigo-Kind".

Sehr schnell hat die Thematik „Indigo-Kinder" oder „*Kinder der Neuen Zeit*" auch in Europa Interesse erregt – ein Interesse, das in den folgenden Jahren immer mehr gestiegen ist. In den Niederlanden wurde 1997 das „*Forum Kinder der Neuen Zeit*" eingerichtet. Dort arbeiten Menschen mit unterschiedlichstem Hintergrund zusammen, um *Kinder der Neuen Zeit* aufzufangen und ihnen zu helfen sowie um das Phänomen „*Kinder der Neuen Zeit*" bekannt zu machen.[4] Das hat gut funktioniert: Beinahe jeder hat inzwischen schon einmal davon gehört. Aktuell arbeitet diese Stiftung unter dem Namen „Stichting Nieuwetijdskinderen" (Stiftung „*Kinder der Neuen Zeit*") (www.nieuwetijdskinderen.nl). In Belgien ist das belgische Forum für *Kinder der Neuen Zeit* aktiv (www.nieuwetijdskinderen.be).

Inzwischen ist klar geworden, dass wir über ein weltweites Phänomen sprechen dürfen, weil *Kinder der Neuen Zeit* offensichtlich in allen Kulturen und allen Religionen auftauchen. Die Berichte über *Kinder der Neuen Zeit* kommen wirklich von allen Seiten. Außerdem nimmt die Zahl der *Kinder der Neuen Zeit* unbestritten immer mehr zu, so dass wir von einem Durchbruch zu einem neuen Bewusstsein sprechen können.

Verschiedene Bezeichnungen

Es gibt verschiedene Begriffe, mit welchen die *Kinder der Neuen Zeit* bezeichnet werden. Der Begriff „*Kinder der Neuen Zeit*" wird ganz allgemein als Bezeichnung für alle *Kinder der Neuen Zeit* verwendet. Er ist folglich eine Art Sammelbegriff. Außerdem begegnen wir der Bezeichnung „Indigo-Kinder". Diese Bezeichnung entstand, wie wir erfahren haben, aufgrund der auffälligen indigoblauen Aura-Farbe, die diese Kinder aufweisen. Auch der Begriff „Sternenkinder" wird benutzt. Georg Kühlewind schreibt dazu: „Der 'Stern' ist der Teil unseres Geistes, der Zeit unseres Lebens auf Erden in der Geistigen Welt bleibt, sich jedoch zum Zeitpunkt unserer Geburt mit unserem Körper verbindet."[5] Manche sprechen in diesem Zusammenhang lieber von unserem Höheren Selbst, das in unserer heutigen Zeit nur zum Teil herabgestiegen ist, von außen jedoch inspirierend auf uns einwirkt, wenn wir innerlich aufgeschlossen bleiben können.

Andere sprechen außerdem von „Kindern des Lichtes". Dieser Begriff ist verständlich, weil einige *Kinder der Neuen Zeit* – zur Verblüffung der Erwachsenen in ihrem Umfeld – mit großer Selbstverständlichkeit sagen, dass sie *aus der Welt des Lichtes/oder aus dem Licht* kommen. Wieder andere benutzen den Begriff „Intuitive Kinder". Dies sind Kinder mit großer intuitiver Sensitivität, die sich von ganz klein an ihres hohen Reifegrades bewusst sind. Berend Jager sagt über sie: „Sie kommen aus einer höheren Sphäre und haben vor ihrer Geburt eine besonders schwere Aufgabe auf sich genommen – der Menschheit zu helfen, auf der Erde eine Atmosphäre der Harmonie, des Friedens und des Glücks zu schaffen."[6]

Ein anderer Begriff, der seit einiger Zeit die Runde macht, ist die Bezeichnung „Kristallkinder". Diese Kinder werden aufgrund ihrer hohen Schwingung so genannt, die der Schwingung von Bergkristallen ähnelt. Die *Kinder der Neuen Zeit*, die derzeit geboren werden, werden „Regenbogenkinder" genannt. Sie sind extrem sensitiv und haben ein ausgesprochen intuitives Bewusstsein.

Was auf den ersten Blick bereits auffällt

Was in den achtziger und neunziger Jahren des vergangenen Jahrhunderts als Erstes ins Auge fiel, war die Tatsache, dass die Kinder, die geboren wurden, so auffallend anders waren als frühere Generationen. So anders, dass ihre Eltern manchmal das Gefühl hatten, dass ihre Kinder ihnen im Wesen fremd waren, weil sie in diesen Kindern nahezu nichts von sich selbst – auch nicht aus ihrer eigenen Jugend – erkannten. Die Kinder zeigten nicht nur in vielerlei großen und kleinen Dingen ein anderes Verhalten, sie reagierten nicht nur anders, sie hatten auch ein deutlich anderes Bewusstsein sowie eine andere Art und Weise, sich im Leben darzustellen, als ihre Eltern. Es wurden immer mehr Unterschiede sichtbar; die Forscher kamen immer mehr Unterschieden auf die Spur. Die gegenwärtigen Entwicklungen bestärken und bestätigen nur die Erkenntnisse, die sich uns damals, in den achtziger und neunziger Jahren, auftaten.

Wenn wir uns einen ersten Eindruck von den *Kindern der Neuen Zeit* verschaffen, fallen meist eine Reihe von typischen Kennzeichen auf. In diesem Kapitel möchte ich diesen ersten Eindruck anhand von sieben Merkmalen beschreiben, um diese dann in den folgenden Kapiteln etwas detaillierter zu beleuchten.

Das erste Kennzeichen: Immer unter Strom

Zuallererst scheinen die „neuen Kinder" oft ganz aufgedreht und manchmal auch stark verhaltensauffällig zu sein. Dieses Verhalten entwickelte sich bei späteren Generationen derart ausgeprägt, dass zurzeit beinahe standardmäßig behauptet wird, dass die meisten *Kinder der Neuen Zeit* – jedoch nicht alle – ständig unter Strom stehen. Eine Mutter sagte seufzend über ihren vierjährigen Sohn: „Man muss ihm, glaube ich, einen Klaps auf den Kopf geben, um ihn zur Ruhe zu kriegen. Ab dem Moment, da er die Augen aufschlägt, bis abends, wenn er wieder in den Schlaf fällt, steht er völlig unter Strom. Das macht mich manchmal ganz verrückt!" *Kinder der Neuen Zeit* verfügen über einen Energieüberschuss und stehen dann automatisch unter Strom, um diese Energie wieder abzureagieren. Sie können auch ganz schwer stillsitzen. Außerdem können sie sich oft nur kurze Zeit auf etwas konzentrieren. Sie verlieren sehr schnell wieder das Interesse an dem, womit sie sich beschäftigen. Daher werden sie von Menschen, die das ganz eigene Wesen der *Kinder der Neuen Zeit* nicht verstehen, schnell als hyperaktive „Nervensägen" betrachtet, die einfach niemals zuhören möchten.

Aufgrund dieses ruhelosen Verhaltens bekommen die *Kinder der Neuen Zeit* schnell den Stempel ADS (Aufmerksamkeitsdefizitsyndrom) oder ADHS (Aufmerksamkeitsdefizit/Hyperaktivitätssyndrom) aufgedrückt. Die Gefahr solcher Abstempelungen besteht darin, dass das Verhalten des Kindes als Krankheit oder als Verhalten betrachtet wird, das verändert und an die Erfordernisse unserer Zeit angepasst werden muss. Ganz schnell kommen dann „Heilmittel" wie Ritalin aufs Tablett, die dem Kind, generell betrachtet, mehr schlecht als gut tun. In einem späteren Kapitel werde ich hierauf nochmals zurückkommen; denn die Frage ist natürlich, ob sich das Kind an die heutige Gesellschaft oder diese sich an diesen neuen Typus von Kind anpassen muss. Auch möchte ich in einem der folgenden Kapitel erklären, wodurch dieses spezifische Verhalten von *Kindern der Neuen Zeit* denn eigentlich entsteht und welche neuen Fragen und Probleme dieses Verhalten aufwirft. Im Augenblick genügt es, dies als ein erstes auffälliges Kennzeichen eines *Kindes der Neuen Zeit* festzustellen.

Das zweite Kennzeichen – Ein starkes Verantwortungsgefühl

Bei den älteren, inzwischen schon erwachsen gewordenen *Kindern der Neuen Zeit* wird ganz schnell deutlich, dass sie zum Großteil Kinder mit einem starken Verantwortungsgefühl waren, die ganz früh mit großer Selbstverständlichkeit alle möglichen Aufgaben und Verantwortung auf sich genommen haben. In ihrer Familie zu Hause wurden sie für ihre Brüder und Schwestern zu einem zweiten Vater/einer Ersatzmutter. Auch in ihren Beziehungen als Erwachsene sind sie oft der gebende und fürsorgliche Partner. Das tun sie auch deshalb, weil sie einen scharfen Blick dafür haben, womit sich andere Menschen gern beschäftigen oder was diese benötigen. Aufgrund dieser großen Fürsorge für andere nehmen sie ganz automatisch die Sorgen und die Verantwortung anderer auf sich. Bei den jungen *Kindern der Neuen Zeit* stellen wir die gleiche Fürsorglichkeit und das gleiche Verantwortungsgefühl fest, das sich freilich zu jeder Zeit wieder anders äußert.

Kinder der Neuen Zeit werden verständlicherweise später oft gute Versorger ihrer Mitmenschen. Nicht nur im Beruf (als Pflegepersonal oder als Lehrer und in allen möglichen anderen Berufen, bei welchen es darum geht, sich um andere zu kümmern), sondern auch in ihrem persönlichen Leben bekommen sie die Fürsorgepflicht für andere anvertraut. Ihr Problem ist es, dass sie zwar recht gut für andere sorgen können, jedoch schlecht für sich selbst. Bei der Erziehung von *Kindern der Neuen Zeit* ist es folglich auch wichtig, einem Kind beizubringen, die eigenen Grenzen zu wahren und zu lernen, „Nein" zu sagen.

Das dritte Kennzeichen: Ein starkes Selbstbewusstsein

Außerdem haben *Kinder der Neuen Zeit*, so unsicher sie sich innerlich auch fühlen, oft ein hohes Maß an Selbstbewusstsein. Das klingt paradox und ist es in der Tat auch: Einerseits die große Unsicherheit, die oft noch durch das Gefühl des Andersseins verstärkt wird, und andererseits dieses große Selbstbewusstsein. Dennoch existieren diese beiden Gefühle nebeneinander, und beide sind an einem *Kind der Neuen Zeit* recht schnell erkennbar.

Viele Eltern wundern sich über ihr Kind: Wenn es in der Schule ein Referat hält, tut das Kind dies oft mit Feuereifer und großem Selbstbewusstsein, wie sehr es innerlich auch an sich selbst zweifeln mag. Wenn ich das mit der älteren Generation vergleiche, die, generell gesagt, am liebsten hinter die Tafel gekrochen wäre, um nicht die ganze Aufmerksamkeit auf sich zu ziehen, ist das ein markantes Beispiel für dieses neue, sehr viel stärkere Selbstbewusstsein, das so typisch für die *Kinder der Neuen Zeit* ist. Natürlich gibt es genügend Abweichungen von dieser Regel, doch sie bestätigen meiner Meinung nach diese nur umso mehr.

Wir können vor allem bei den jüngeren *Kindern der Neuen Zeit* beobachten, wie dieses große Selbstbewusstsein ans Licht tritt. Bei den Älteren oder der ersten Generation der *Kinder der Neuen Zeit* war dieser Aspekt (viel) weniger dominant. Dieses neue Selbstbewusstsein setzt sich folglich immer mehr durch. Daher heißt es, die *Kinder der Neuen Zeit* fühlen sich von Geburt an wie ein König.

Das vierte Kennzeichen: Eine lebendige Verbindung mit der Geistigen Welt

Was Eltern (und andere) oft sehr erstaunt, sind die auffälligen Sprüche, die diese *Kinder der Neuen Zeit* bisweilen von sich geben. Sie können gegenüber diesen Erwachsenen Bemerkungen machen, die man normalerweise von einem Kind nicht erwarten würde. Aussagen, die meist unerwartet, wie aus der Pistole geschossen kommen, während die Kinder nebenbei mit allen möglichen anderen Dingen beschäftigt sind. So sagte etwa ein Vierjähriger zu seiner Mutter: *„Du darfst nicht zu viel erwarten, dann wirst du auch nicht immer enttäuscht."* Die Mutter war so verblüfft, dass sie kaum glauben konnte, dass ihr eigener vierjähriger Sohn diesen Ausspruch getan hatte. Sicherheitshalber drehte sie sich extra um, um zu schauen, ob jemand anders in der Nähe war. Doch da war niemand. Außerdem war die Stimme, die sie gehört hatte, ganz klar die Stimme ihres Sohnes. Das Verrückte daran war, dass sie gerade eben über eine Freundin nachgedacht hatte, von der sie enttäuscht war. Die Bemerkung ihres Sohnes traf damit genau den Nagel auf den Kopf. Die Mutter fand es fast schon schaurig, dass ihr Sohn so zweifelsfrei zu wissen schien, woran sie gedacht hatte.

Ein anderes Kind, ein fünfjähriger Junge, fragte seine Mutter: *„Träume ich, wenn ich schlafe, oder schlafe ich, wenn ich wach bin?"* Derart weise, ja fast schon philosophische Bemerkungen werden von vielen *Kindern der Neuen Zeit* berichtet. Diese Kinder stehen noch in einer starken Verbindung mit ihrem Schutzengel, der sie mit seiner Weisheit und tiefen Erkenntnis durchströmt. An dieser Weisheit können wir ablesen, dass die Verbindung zu unserem Engel in unserer heutigen Zeit stärker und direkter wird. Bei früheren Generationen von Kindern kannte man diese Art von Bemerkungen kaum. Außerdem bleibt diese offensichtliche Erleuchtung durch den Engel bei einigen *Kindern der Neuen Zeit* auch im späteren Alter und als Erwachsene spürbar und bemerkbar.

Eine Mutter erzählt von ihrem Sohn: „Als Baby konnte er durch mich hindurchschauen. Ich fühlte mich dann unbehaglich, fast beunruhigt durch diesen ruhigen, weisen, erwachsenen Blick – so, als wisse er alles von mir. Und das ist vielleicht auch wirklich so."[7]

Für die meisten *Kinder der Neuen Zeit* ist es selbstverständlich, dass sie schon (viel) öfter auf der Erde gewesen sind. Auch die Tatsache, dass sie aus der Welt des Lichtes kommen und nach ihrem Tod auch wieder dorthin zurückkehren werden, ist für sie selbstverständlich. Sie sind hellwissend, hellsichtig, hellfühlig und hellhörig in Bezug auf das, was hinter dem Schleier der Dinge verborgen liegt. Eine Mutter erzählt in diesem Zusammenhang: „Auf einmal begann meine vierjährige Tochter wieder einmal, alles Mögliche zu erzählen. Auf die Frage: „Woher weißt du das alles?" schlug sie die Lider nieder und sagte ganz leise: „Ich hab's gesehen."[8]

An diesen wenigen Beispielen zeigt sich schon, dass die *Kinder der Neuen Zeit* eine stärkere Verbindung zur Geistigen Welt haben als frühere Generationen: Für die älteren Generationen war diese Welt meist hermetisch verriegelt. Daher denken viele ältere Menschen noch immer, dass der Tod definitiv das Ende ist und Engel nur das Produkt unserer Fantasie sind. *Kinder der Neuen Zeit* entwickeln meist eine völlig andere Lebenssicht, eine spirituelle Lebenshaltung, die in vielerlei Hinsicht diametral entgegengesetzt zu der mehr materialistisch orientierten Sicht des Lebens der vorangegangenen Generationen ist. Allein schon diese eine Tatsache zeigt auf, dass wir uns gegenwärtig auf dem Weg in eine ganz andere, völlig neue Welt befinden, in der die Menschen wieder ganz automatisch eine Verbindung zur Geistigen Welt haben werden. Die *Kinder der Neuen Zeit* gehen uns in dieser Hinsicht voran und sind die Wegbereiter dieser großen Veränderung.

Das fünfte Kennzeichen: Stark sozial orientiert

Die meisten *Kinder der Neuen Zeit* sind äußerst sozial eingestellt. Sie nehmen Anteil am Schicksal ihrer Mitmenschen, können wirklich richtig unter dem Kummer anderer leiden und beispielsweise durch das Elend, das im Fernsehen oft zu sehen ist, ganz schnell aus dem eigenen Gleichgewicht geraten. Es handelt sich demnach auch um Kinder, die ganz selbstverständlich auf andere Menschen Rücksicht nehmen.

Wenn sie sie selbst sein dürfen und in ihrer Sozialkompetenz nicht (zumindest nicht allzu sehr) geschädigt worden sind, sind sie Kinder, welche die Menschen miteinander verbinden und Gegensätze überbrücken. Dadurch werden es genau die *Kinder der Neuen Zeit* sein, die einen neuen Schritt in der menschlichen Evolution ermöglichen werden – nämlich, dass wir uns nicht länger hinter einer bestimmten Religion, hinter einem bestimmten Volk oder sogar hinter einer bestimmten Familie verstecken, sondern uns offen und verletzlich mit allen Menschen verbinden, ganz gleich, welche Herkunft und welchen Hintergrund sie auch haben mögen.

Durch diese Einstellung sind es besonders die *Kinder der Neuen Zeit*, die später, in ihrem aktiven Leben, nicht die Gegensätze betonen, sondern vielmehr danach auf die Suche gehen, was die Menschen verbindet, so verschieden diese auch sein mögen. An einem Präsidenten wie Barack Obama aus den USA – ein gutes Beispiel für einen Erwachsenen der Neuen Zeit – können wir ablesen, wie eine derartige Einstellung in der Politik zu vielerlei Veränderungen führt. Betonte sein Vorgänger George Bush noch die Unterschiede (beispielsweise zu Nord-Korea, zu den Muslimen und zu Osama Bin Laden), so sucht Obama nach Möglichkeiten, um miteinander ins Gespräch zu kommen. Er versucht auf diese Weise, die Gegensätze nicht nur zu überbrücken, sondern auch zu überwinden. So werden gerade die *Kinder der Neuen Zeit* dem Erzengel Michael heutzutage bei seiner Mission helfen, die Vereinigung der Menschheit zu bewirken und Hindernisse und Gegensätze zwischen den Menschen zu beseitigen.

Nicht alle *Kinder der Neuen Zeit* weisen dieses Kennzeichen auf. Es gibt beispielsweise auch eine stetig wachsende Gruppe von *Kindern der Neuen Zeit*, die mehr oder weniger stark ausgeprägte Merkmale von Autismus aufweisen: Sie sind mehr auf Technik und technische Neuerungen als auf den Kontakt zu anderen Menschen gepolt. Später mehr darüber. Außerdem gibt es *Kinder der Neuen Zeit*, die sich in ihrer Jugend so verletzt und abgelehnt fühlten, dass sich das soziale Element in ihnen in Aggression, Abgestumpftheit und gefährlichen Egoismus verwandelt hat. Dabei scheint es so zu sein, dass ihre negative Einstellung und ihre Äußerungen bei einer analog verlaufenden Wandlung umso heftiger ausfallen, je sozialer – und empfindsamer! – sie eigentlich von Natur aus sind.

Das sechste Kennzeichen: Ein starker Gerechtigkeitssinn

Außerdem haben *Kinder der Neuen Zeit* ein ganz starkes Gerechtigkeitsempfinden. Sie können richtig darunter leiden, wenn Unrecht geschieht. Sie leiden nicht nur unter dem Unrecht, das ihnen selbst oder Menschen in ihrem unmittelbaren Umfeld angetan wird, sondern auch unter dem Unrecht, das Menschen irgendwo auf der Welt angetan wird. Rührend ist die Art und Weise, wie viele Jugendliche sich für alle möglichen Aktionen einsetzen, die dazu gedacht sind, Menschen zu helfen. Sie setzen sich wirklich mit ganzem Herzen und all ihrer Liebeskraft dafür ein. Auch in diesem Sinne zeigen sie die Lebenseinstellung, in welche die Menschheit in ihrer Entwicklung immer mehr hineinwachsen soll, nach dem Motto: „Wir können keinen inneren Frieden finden, wenn nicht jeder Mensch in Frieden leben kann." Dieses Bedürfnis wird auch bei einigen Aussagen dieser Kinder deutlich: *„Ich bin gekommen, um Frieden zu bringen"*, sagte ein dreijähriges (!) Kind. Ein anderes Kind sagte: *„Ich will, dass alle Menschen glücklich sind."*

Aus der traditionellen esoterischen Lehre des Christentums ist schon länger bekannt, dass wir in unserer Zeit so von der Engelwelt inspiriert werden – und dies auch gerade im jetzigen Moment! – dass wir nicht mehr glücklich sein können, wenn nicht jeder in Frieden und Freiheit leben kann, ohne Armut. An den *Kindern der Neuen Zeit* erkennen wir, wie ihr ausgeprägter Gerechtigkeitssinn zum ersten Schritt in diese Richtung führt.

Das siebte Kennzeichen: Hypersensitivität

Wie wir bereits festgestellt haben, nehmen *Kinder der Neuen Zeit* viele Dinge auch ohne Worte auf. In der Schule können sie spontan zum Lehrer sagen: *„Wenn du Kummer hast, Herr Lehrer, kannst du ruhig weinen."*[9] Sie spüren beispielsweise auch die Bauchschmerzen eines Klassenkameraden so stark, dass es sich für sie so anfühlt, als hätten sie selbst Bauchschmerzen. Wenn Vater und Mutter Streit haben, weiß das ein *Kind der Neuen Zeit*, auch wenn darüber kein Wort gefallen ist. *Kinder der Neuen Zeit* sind auch überempfindlich, was die Stimmung bei einer Feier oder in einem Raum betrifft. Sobald sie unausgesprochene Spannungen fühlen, geraten sie in Stress; denn die Spannungen bringen sie aus dem Konzept.

Die Sensitivität der *Kinder der Neuen Zeit* ist übrigens nicht nur geistiger Natur – sie wird auch bis in den Körper, also bis ins Physische hinein, sichtbar. Man denke nur an die vielen Allergien, unter welchen sie regelmäßig leiden. Oder an die Tatsache, dass viele *Kinder der Neuen Zeit* bei „normaler" Ernährung zunehmend an allerhand Wehwehchen leiden, wie Asthma und Ekzemen, wobei diese oft verschwinden, wenn das Kind biologische Kost serviert bekommt. Im vierten Kapitel werden wir sehen, wo diese (Über-) Sensitivität herrührt.

Es ist für alle, die an der Erziehung von *Kindern der Neuen Zeit* mitwirken, wichtig zu wissen, dass ihre eigenen unverarbeiteten und unausgesprochenen Konflikte für ein *Kind der Neuen Zeit* nicht nur völlig offensichtlich sind, sondern auch, wie sehr diese das Kind auch ganz direkt belasten. Wer mit *Kindern der Neuen Zeit* zu tun hat, wird von ihnen daher auch freundlich dazu aufgefordert, an sich selbst zu arbeiten und inneren Frieden zu erlangen. Jeder, der wirklich innerlich in Frieden mit sich und anderen Menschen lebt, ist ein kostbares Geschenk für die *Kinder der Neuen Zeit*!

3.

Die Kinder der Neuen Zeit und ihre übersinnlichen Fähigkeiten

Die übersinnlichen Fähigkeiten von Kindern der Neuen Zeit

Oft herrscht die Meinung, dass sich die *Kinder der Neuen Zeit* von früheren Generationen vor allem dadurch unterscheiden, dass sie übersinnliche Fähigkeiten besitzen. Und in der Tat machen viele, viele Geschichten über die zahlreichen paranormalen Begabungen die Runde, die diese Kinder in der heutigen Zeit entfalten und von denen sie berichten:

- Sie sehen beispielsweise ihren verstorbenen Opa oder ihre Oma im Zimmer stehen.
- Andere sehen ihren Engel und sprechen mit ihm.
- Viele sehen die Aura und kennen, ohne dass jemand ihnen das jemals erzählt hat, die Bedeutung der Farben in der Aura.
- Sie stehen – stärker als vorangegangene Generationen – in Verbindung mit ihren Träumen.
- Sie verlassen – manchmal schon von ganz klein auf – ihren Körper, um in die andere, feinstoffliche Welt zu reisen. Manche macht dies glücklich, andere haben Angst davor.
- Sie wissen auch oft Dinge, die sie gar nicht wissen können, und erkennen Orte, an welchen sie noch niemals gewesen sind.
- Andere haben oft noch Erinnerungen an ein früheres Leben und/oder an ihren Aufenthalt in der Lichtwelt zwischen zwei Leben auf Erden. *„Gott ist doch Licht, Mama, nur Licht",*

sagte ein Vierjähriger zu seiner Mutter, die auf eine Frage ihres Sohnes hin geantwortet hatte, dass sie nicht wisse, wer Gott ist. *„Dort in der anderen Welt gibt es nur Liebe, und alle haben einander lieb"*, sagte ein fünfjähriges Mädchen ganz nachdrücklich, in einem Tonfall, der keine Diskussion erlaubte.

Ein vierjähriger Junge erzählte seiner Mutter plötzlich, während er gerade spielte: *„Früher, als du noch mit einem anderen Mann zusammen gelebt hast, wolltest du mich gar nicht haben, denn du wolltest keine Kinder. Glücklicherweise durfte ich nun doch kommen, denn ich wollte dich so gern als Mama haben."* Die Mutter hatte ihrem Sohn niemals über ihre frühere Beziehung erzählt und schon gar nicht, dass sie in jener Zeit keine Kinder wollte. Doch ihr Sohn wusste das – ein Wissen, zu dem er nur über ein anderes, höheres Wissen Zugang hatte bekommen können.

Ein anderes Kind, ein vierjähriges Mädchen, erzählte ihrer Mutter: *„Wenn du tot bist, bekommst du ganz schnell wieder einen neuen Körper und kannst wieder zur Erde zurückkommen."* Wir haben bereits weiter oben gesehen, wie spürbar (und hörbar) der Einfluss des Schutzengels auf ein Kind in solchen Bemerkungen durchklingt.

Dr. Joanne Klink war es, die in den Niederlanden – wenn auch gegen viel Widerstand – das öffentliche Interesse auf die Erinnerungen der Kinder an frühere Leben gelenkt hat. Ihr Buch „Früher, als ich groß war – Reinkarnationserinnerungen von Kindern" erschien 1991 und erregte damit großes Aufsehen.[10] Sie erzählt darin von den vielen spontanen und beeindruckenden Erinnerungen kleiner Kinder an frühere Leben. Viele Menschen hielten die Geschichten, die Klink erzählte, für absurd und fanden daher Dr. Klink selbst ein wenig seltsam. Doch heute, noch keine zwanzig Jahre später, sind solche Erinnerungen schon fast „normal" geworden. So schnell gehen die Entwicklungen voran. Dr. Klink hat also früher als die meisten Menschen bestimmte kommende Entwicklungen vorausgesehen und das öffentliche Interesse darauf gelenkt.

Wenn wir nun zurückblicken und uns fragen, wie es dazu kommt, dass diese (Bewusstseins-) Entwicklung so schnell vorangegangen ist, erkennen wir, dass vor allem die vielen *Kinder der Neuen Zeit* selbst es waren, die uns mit ihren zahllosen so auffälligen Aussagen zu anderen, neuen Erkenntnissen sowie einem neuen Bewusstsein der Welt, in der wir leben, geführt haben.

Die meisten Kinder der Neuen Zeit möchten keine Hellseher werden

Viele Menschen halten übersinnliche Fähigkeiten, wie ich sie oben beschrieben habe, für ein typisches Kennzeichen der *Kinder der Neuen Zeit*. Die größte Besonderheit der *Kinder der Neuen Zeit*, so die landläufige Meinung, liegt in der Tatsache, dass sie irgendwie eine starke Verbindung mit der Geistigen Welt haben, der Welt, die hinter der sichtbaren Welt verborgen liegt. Die Kinder selbst jedoch scheinen dies Lügen zu strafen: Sie halten die übersinnlichen Fähigkeiten bestimmt nicht für das Wichtigste oder auffälligste Kennzeichen ihres Lebens. Diana Rumpf, Begründerin von „Indigo und Kernkind", schreibt: „Viele Menschen glauben, dass ihr Kind übersinnliche Fähigkeiten hat und daher Hellseher werden sollte. Nichts ist weniger wahr. Die Kinder sind sich der Geistigen Welt bewusst, wünschen aber im Allgemeinen keinen Kontakt mit Verstorbenen. Sie sehen sie zwar sehr wohl, doch die neue Generation von Kindern will ihre Gabe zu höheren Zwecken nutzen."[11]

Was Rumpf schreibt, trifft meiner Meinung nach zu. Die Kinder (der Neuen Zeit) erklären beispielsweise selbst häufig ganz deutlich, dass sie hierher gekommen sind, um am Frieden zu arbeiten, den Menschen beizubringen, einander zu respektieren und Gegensätze zu überbrücken. Das mag vielleicht sehr hochtrabend klingen, noch dazu wenn es aus dem Mund eines sieben- bis zehnjährigen Kindes kommt. Doch wer bei ihren Aussagen genau hinhört, wird angesichts der Selbstverständlichkeit und Authentizität staunen, mit welcher die Kinder über ihre Motivation sprechen. Sie werden oft wirklich von einer tiefen Sehnsucht nach einer anderen, besseren Gesellschaft getrieben, in der Respekt und Liebe Schlüsselworte sind. Für diese Welt möchten sie sich einsetzen, egal in welcher Form. Die andere, übersinnliche Art und Weise, die Dinge zu betrachten und zu leben, integrieren sie dabei einfach in ihr Leben. Das macht einen Teil des Menschen aus, der sie sind. So möchten sie sich für ihre Lebensaufgabe eben als der Mensch einsetzen, der sie sind, mit ihren ganz persönlichen Möglichkeiten und Begabungen, durch die Geistige Welt inspiriert.

Vielleicht könnten wir es auch so formulieren: Das Band, das die *Kinder der Neuen Zeit* mit der Geistigen Welt haben, sorgt (mit) dafür, dass sie Ideale haben, für die sie leben und sich einsetzen wollen. Nach der geistigen Leere, in der sich die Generationen vor ihnen häufig befanden, beginnt diese Generation wieder, aus einer tiefen Begeisterung und Inspiration heraus zu leben.

An der Lebenseinstellung, an den Idealen und an der Begeisterung der *Kinder der Neuen Zeit* können wir ablesen, dass sie ganz konkret an einer anderen Gesellschaft arbeiten werden.

Als ich meinen ersten Vortrag über die Thematik dieses Buches halten sollte, hatte ich in der Nacht vorher einen Traum. In diesem Traum wurde mir gesagt, dass meiner Generation die Zahl 9 zugeordnet ist und den *Kindern der Neuen Zeit* die Zahl 1. Nun ist, symbolisch gesehen, die 9 die letzte Zahl der Reihe von 1 bis 9. Mit der Zahl 10 – und das gilt auch für die Zahl 1 – beginnt eine neue Reihe.

Die *Kinder der Neuen Zeit* werden meiner Erwartung nach mit Sicherheit ihrem Namen auch alle Ehre machen und beispielsweise ganz konkret an einer neuen Gesellschaft, einer anderen Wirtschaft, einem anderen Bildungssystem, einer anderen Politik, einer anderen (biologischen/vegetarischen) Ernährung und einer anderen Art des Umgangs mit Tieren arbeiten. Ich habe weiter oben bereits das Beispiel des Präsidenten Barack Obama erwähnt: An ihm können wir sehen, was geschieht, wenn ein *Kind der Neuen Zeit* in eine leitende Position gelangt. Wenn wir diese Entwicklungen in aller Ruhe einmal Revue passieren lassen, erkennen wir, dass für die Welt Hoffnung besteht. Wir können erwartungsvoll in die Zukunft blicken.

Mir ist aufgefallen, dass in meinem Traum die *Kinder der Neuen Zeit* nicht die Zahl 10 zugeordnet bekamen, sondern die Zahl 1. Die Zahl 10 hätte auf einen Neubeginn hingedeutet, der sich auf gewisse Weise logisch aus der Entwicklung ergibt, die hinter uns liegt. Die Tatsache freilich, dass sie in meinem Traum die Zahl 1 zugeordnet bekamen, zeigt, dass sie wirklich einen richtigen Neubeginn einläuten und eine Gesellschaft aufbauen werden, die vorher noch nicht existiert hat und grundlegend anders sein wird als die heutige, bestehende Gesellschaft. Das bedeutet auch, dass die Veränderungen und die Transformation, die anstehen und von den *Kindern der Neuen Zeit* Schritt für Schritt verwirklicht werden sollen, größer sind als alles, was die Menschheit auf Erden bisher je erlebt hat. Übrigens finden diese Veränderungen nicht an einem einzigen Tag und auch nicht innerhalb von zehn Jahren statt – sie stellen einen allmählichen Prozess dar, der schon längst begonnen hat.

Stimmen hören

Vielleicht gestatten Sie mir, an diesem Punkt meiner Ausführungen einen kleinen Exkurs zu machen, und zwar über die Tatsache, dass *Kinder der Neuen Zeit* auch Stimmen hören können. Auch das gehört zu den übersinnlichen Fähigkeiten, die die Jüngeren in unserer Zeit aufweisen. Ganz lange war dieses Thema Tabu. Stimmen zu hören, wurde als Krankheit betrachtet, die eine Therapie erfordert. 1999 veröffentlichte Prof. Dr. M.A.J. Romme gemeinsam mit seiner Frau, Dr. A.D.M.A.C. Escher, ein Buch mit dem Titel: „Stimmenhören akzeptieren".[12] Sie schrieben darin, dass aus einer Untersuchung hervorgeht, dass 2% der Bevölkerung Stimmen hört – ein beträchtlicher Anteil! Von diesen hat (nur!) ein Drittel, also einer von Dreien, damit Probleme. Zwei von drei Personen haben folglich kein Problem damit und erleben es als etwas ganz Selbstverständliches, das Teil ihres Lebens ist. Romme und Escher schreiben: „Menschen, die kein Problem damit haben, erleben die Stimmen als Ratgeber. Diejenigen aber, die nichts damit anfangen können, haben vor ihren Stimmen Angst. Sie erinnern sie oft an widerwärtige Ereignisse und

Probleme, für die sie keine Lösung finden konnten. Es scheint auf den ersten Blick paradox, diese Stimmen zu akzeptieren, doch das bietet die Möglichkeit, sich die Herrschaft wieder zurückzuerobern."

Eben um Letzteres geht es: Dadurch, dass Sie die Stimmen, die Sie hören, akzeptieren, wird es möglich zu entscheiden, was Sie damit tun. Sie können selbst beurteilen, was diese Ihnen einflüstern. Es geht darum, dass derjenige, der Stimmen hört, nicht Sklave dieser Worte wird, sondern selbst beschließt, was er mit den Anweisungen dieser Stimmen tun will! Wenn Sie Angst vor einem Menschen haben, so hat dieser die Macht über Sie. Sie werden schreckhaft und setzen Ihre gesamte Energie zum Bekämpfen Ihrer Angst ein. Hören Sie jedoch bei dem, was der andere sagt, genau hin, wägen Sie es ab und ziehen Sie dann in aller Ruhe Ihre Schlussfolgerungen, dann hat der andere keine Macht über Sie. Es ist folglich für die *Kinder der Neuen Zeit*, die mit Stimmen konfrontiert werden, wichtig zu lernen, diese Stimmen zu akzeptieren. Erst dann wird es ihnen möglich, innezuhalten und zu überlegen, was sie nun eigentlich selbst wollen, denken und meinen.

Mit diesem Buch haben Romme und Escher dazu beigetragen, das Thema „*Kinder der Neuen Zeit*" aus der Tabuzone zu holen und salonfähig zu machen. *Kinder der Neuen Zeit* sind ja schlechthin diejenigen, die mit diesen Stimmen umzugehen haben.

Nun dürfen meiner Meinung nach auch die Menschen, die es mit Stimmen zu tun haben und darunter leiden (folglich diejenigen, die es als negativ empfinden, Stimmen zu hören), darin die Herausforderung sehen, mehr zu sich selbst zu stehen, um zu lernen, in der eigenen Kraft zu bleiben und die eigenen Grenzen ganz bewusst (besser) zu wahren. Gerade die Menschen, die in dieser Hinsicht schwach sind und dazu neigen, mehr auf andere zu hören als auf ihr eigenes Herz, werden immer wieder mit Stimmen konfrontiert, und zwar vornehmlich mit negativen Stimmen! Sie sind nämlich anderen gegenüber (zu) offen und folglich auch (zu) offen für Stimmen und /oder Wesen aus der Geistigen Welt.

Kinder der Neuen Zeit können sich gut in das einfühlen, was andere wollen und denken – sie sind ja stark sozial ausgerichtet – haben dadurch jedoch oft Schwierigkeiten, sich selbst zu schützen und ihre eigenen Grenzen zu wahren. Daher neigen sie dazu, lieber auf andere zu hören, als auf sich selbst. Es ist verständlich, dass gerade sie daher für Stimmen empfänglich sind, sowohl für positive als auch für negative. Die Wesen, die hinter diesen Stimmen stecken, finden es herrlich, mit jemandem zu sprechen, der ihnen sein geneigtes Ohr leiht … Wer auf abstoßende Weise mit Stimmen konfrontiert wird, kann daran unter anderem die Lektion ablesen, dass er sich sein Leben nicht von einem anderen – und folglich auch von keiner anderen Stimme – diktieren lassen sollte, sondern lernen muss, selbst zu entscheiden, was er will oder nicht will. Der Weg dorthin beginnt damit, diese Stimmen zu akzeptieren und nicht ängstlich zu versuchen, sie so weit wie möglich zu verleugnen.

Prof. Romme wurde natürlich von bestimmten Menschen geschmäht. Das Buch kostete ihm sogar beinahe seine Stellung. Doch es war ein wichtiger Beitrag dafür, paranormale Fähigkeiten der *Kinder der Neuen Zeit* zur Sprache zu bringen. Übrigens haben er und seine Frau in späteren Jahren für ihre bahnbrechenden Ansichten internationale Anerkennung erlangt.[13]

Wie kommt es, dass Kinder der Neuen Zeit hellseherische Fähigkeiten besitzen?

Eine wichtige Frage ist natürlich Folgende: „Wie kommt es eigentlich, dass die neue Generation der Kinder einen viel direkteren Draht zur Geistigen Welt hat und Erfahrungen macht, die wir als ‚paranormal' bezeichnen, die die Kinder selbst jedoch meist als ganz normal betrachten und die in der Tat auch normal sind?"

Die traditionelle esoterische Lehre gibt auf diese Frage eine klare Antwort. Sie sagt, dass ein Mensch hellsichtig wird, wenn seine geistigen Körper – oder sein Äther- und Astralleib, von vielen auch als „Aura" bezeichnet – sich ein wenig vom physischen Körper ablöst. Normalerweise ziehen diese Körper in der Jugend fest in den physischen Leib ein: Der Ätherleib um das siebte Lebensjahr, der Astralleib so um das vierzehnte Lebensjahr herum. Doch bei manchen Jugendlichen/Menschen verankern sich diese Körper nicht richtig am physischen Körper, sondern bleiben ein wenig locker. Ich selbst vergleiche dies immer mit einem Taucheranzug, der nicht ganz straff am Körper anliegt, sondern ein bisschen „schlottert". Ist dies der Fall, so wird der Mensch hellsichtig.

Auffallend an unserer Zeit ist nun, dass sich die beiden geistigen Körper bei vielen Jugendlichen um das siebte und vierzehnte Lebensjahr herum weniger fest im physischen Körper verankern als dies bei früheren Generationen der Fall war. Dadurch wird für die jüngeren Generationen der Schleier, der die sichtbare von der unsichtbaren Welt getrennt hält, immer transparenter. Wir könnten es auch folgendermaßen formulieren: Der Vorhang, der die Geistige Welt vor uns verschlossen hält, zieht sich bei den Jugendlichen heute nicht mehr ganz zu. Das hat zur Folge, dass sich immer mehr Jugendliche der Tatsache bewusst werden, dass es nicht nur eine materielle Welt gibt, sondern dass dahinter auch eine feinstoffliche Welt existiert. Das Faszinierende daran ist, dass es sich hierbei um eine Entwicklung handelt, die von vielen Kulturen und Religionen vorhergesagt worden ist – nämlich das Phänomen, dass die Menschen in dieser besonderen Übergangzeit, in der wir uns gerade befinden, wieder in eine spürbare Verbindung mit der Geistigen Welt kommen werden.[14]

Vor diesem Hintergrund wird es auch verständlich, dass erwachsene Hellsichtige oft erzählen, dass ihre Hellsichtigkeit durch einen geistigen Schock entstanden ist. Sie hatten ein tiefgreifendes Erlebnis, und dieser Schock riss ihre geistigen Körper ein wenig los. Dieser Prozess, bei dem der Schleier, der die Geistige Welt von der irdischen Alltagswelt getrennt hält, langsam transparent wird, wird in Zukunft immer stärker werden. Das bedeutet, dass sich bei immer mehr Menschen Fähigkeiten in Bezug auf Hellsichtigkeit, Hellfühligkeit, Hellwissenheit oder Hellhörigkeit einstellen werden. Dies macht einen Teil des neuen Bewusstseins aus, das in unserer heutigen Zeit gegen die Unterdrückung geboren wird.

Umgang mit der Geistigen Welt

Der Vorhang zur Geistigen Welt öffnet sich also gerade. Daher machen neue Generationen auch viele Erfahrungen mit der Geistigen Welt, die vor kurzem noch undenkbar waren – positive und negative. Die meisten *Kinder der Neuen Zeit* wissen übrigens ganz gut, wie sie mit diesen Erfahrungen umgehen müssen. Sie wissen auch von innen heraus, wie sie diese Erfahrungen deuten müssen. Sie integrieren sie ganz selbstverständlich in ihr Leben und haben kein Problem damit – und brauchen somit dabei auch keine Hilfe.[15]

Doch natürlich gibt es auch eine Gruppe von Kindern, die so ihre liebe Not damit haben. Meist sind das Kinder, die zu wenig Selbstvertrauen haben, die zu wenig Bestätigung im Leben erhalten und/oder sich als Kind vor allem in der Außenseiterrolle erlebt haben – Kinder also, die aufgrund irgendwelcher Ursachen schief in diese Welt hineingewachsen sind. Doch wer mit sich selbst nicht gut auskommt, kann auch nicht mit anderen umgehen, und ebensowenig mit paranormalen Erlebnissen. Diese Kinder brauchen folglich vor allem Hilfestellung, um zu lernen, sich selbst zu akzeptieren, an sich selbst zu glauben und ihre Schwächen in Stärken umzuwandeln (siehe 1. Kapitel).

Generell ist es wichtig, allen Kindern dieser Zeit zu helfen, mit hellseherischen und anderen geistigen Fähigkeiten richtig umzugehen. Wir werden lernen müssen, dass die Geistige Welt eine heilige Welt ist, mit der wir nicht leichtsinnig umspringen, sondern der wir uns nur mit einer von großem Respekt und tiefer Ehrerbietung geprägten Haltung nähern dürfen. „Gläser rücken" (eine Möglichkeit, mittels eines `tanzenden Glases` Geister anzurufen) ist beispielsweise ein Spiel mit Energien, deren Kraft die Jugendlichen gar nicht kennen – und daher lebensgefährlich. Die Zahl der Jugendlichen, die durch dieses „Spiel" unter den Einfluss einer negativen Entität geraten ist, ist viel höher als allgemein bekannt![16]

Außerdem werden wir den Jugendlichen beibringen müssen, dass in der heutigen Zeit nicht nur der Vorhang zur geistigen Lichtwelt aufgeht, sondern auch der Vorhang zur dunklen Geistigen Welt, wo die Geistwesen wohnen, die uns zu Aggression, Härte und Verbitterung verführen möchten. Ich weiß – die meisten Menschen sprechen lieber nicht darüber, und andere wollen es nicht glauben, dass es solche dunklen Wesen wirklich gibt. Es ist, um es vorsichtig auszudrücken, auch nicht angenehm, das zu erkennen. Freilich werden wir in zunehmendem Maße dazu gezwungen werden, dieser Tatsache ins Auge zu blicken. Doch warum werden wir denn dazu gezwungen, und auf welche Weise?

Es gibt Jugendliche, die durch die negativen Erfahrungen, die sie machen, in eine Stimmung von Zorn, Groll, Eifersucht, Gefühlskälte und Einsamkeit geraten. Wenn sie erst einmal in dieser Stimmung leben, sind sie für die dunklen Geistwesen leichte Beute. Sie fühlen sich in der drückenden, düsteren Stimmung der Welt der Jugendlichen so richtig zu Hause. Geschieht dies, dann verlieren diese Jugendlichen die Kontrolle über sich selbst. Die düsteren Wesen übernehmen bald unmerklich und schleichend immer mehr die Regie. Das ist es, was tatsächlich geschieht, wenn wir heutzutage von jungen Menschen hören, die an der Schule ohne Grund Mitschüler, Lehrerinnen und Lehrer niederschießen.

So gesehen, können wir feststellen, dass eine zunehmende Zahl von Gewalttaten, die von Jugendlichen in unserer heutigen Zeit verübt werden, durch die Einwirkung von dunklen Geistwesen verursacht wird. Sie bekommen die Gelegenheit, auf die Jugendlichen einzuwirken, weil diese in eine Stimmung von dunklen Emotionen gerutscht sind und nicht mehr wissen, wie sie da wieder herauskommen sollen.

Dies alles bedeutet, dass wir (nicht nur diesen, sondern allen) Jugendlichen beibringen müssen, an sich selbst zu arbeiten, so dass sie, was auch geschieht, nicht im Morast dunkler Emotionen versumpfen, sondern lernen, mit diesen Emotionen richtig umzugehen. Kummer, Ohnmacht, Zorn und so weiter: Jeder Pubertierende und jeder Jugendliche bekommt es mit dieser Art von Gefühlen zu tun. Wenn man lernt, damit richtig umzugehen, wird man letztendlich weiser, geistig gestärkt, sanftmütiger (weil man lernt, andere Menschen besser zu verstehen) und auch erwachsener. Lernt man nicht, damit umzugehen, sondern lässt sich von diesen Gefühlen immer mehr verleiten, dann wird man zur leichten Beute für dunkle Geistwesen.

Meiner Meinung nach handelt es sich hier um eine wichtige pädagogische Aufgabe, nicht nur für die Eltern, sondern auch für die Lehrer – um eine Pädagogik, bei der es nicht mehr vorrangig um Wissen und das Sammeln von Diplomen gehen sollte, sondern der Schwerpunkt auf der Menschwerdung liegt: „Wie werde ich zu einem Menschen, der es lernt, auf die richtige Weise mit diesen dunklen Emotionen umzugehen? Wie werde ich zu einem Menschen mit Selbstvertrauen, der Wärme und Liebe ausstrahlt? Wie werde ich zu einem Menschen, der sich nicht von den dunklen Emotionen, die in mir leben, hinreißen lässt, sondern der vielmehr daran wächst und geistig gestärkt wird?" Es wird folglich immer mehr eine Form von Bildung nötig, in der die Persönlichkeitsentwicklung eine zentrale Rolle einnimmt, und nicht mehr der Erwerb von Wissen.

Verstehen Sie mich dabei bitte nicht falsch: Der Erwerb von Wissen ist nichts Verkehrtes, ganz im Gegenteil. Der Erwerb von Wissen kann für den Menschen eine Bereicherung sein. Doch für die *Kinder der Neuen Zeit* gilt, dass sie tatsächlich ganz gut imstande sind, in dem Moment, da sie dieses Wissen benötigen, auch auf die Suche nach diesem zu gehen. Genau das werden sie ein Leben lang tun, wenn sie sie selbst sein möchten, und ihre Neugier und Kreativität nicht für immer erstickt werden. Ich kenne genügend Menschen, die in ihrer Jugend in der Schule keine einzige Sprache beherrschten, sich im späteren Leben jedoch mühelos Fremdsprachen angeeignet haben, wenn es denn nötig war. Doch was unsere

Jugendlichen nicht gut von selbst können und wobei sie Hilfe nötig haben, ist eben der Umgang mit den dunklen Emotionen. Sie benötigen Hilfe, um sich vom Einfluss der dunklen Geistwesen – der über diese Emotionen wirkt – zu befreien. Über dieses Thema wird offen gesprochen werden müssen, und die Kinder (der Neuen Zeit) von heute brauchen Begleitung, um mit der Welt hinter dem Schleier richtig umgehen zu können.

Eine häufig gestellte Frage

Oft stellt man mir die Frage: „Wie kann ich hellsichtig werden?" Diese Frage muss – in Anbetracht des oben Festgestellten – also folgendermaßen korrekt lauten: „Wie kann ich meine geistigen Körper so lockern, dass der Schleier auch für mich durchsichtig wird?" Die einfache Antwort auf diese Frage lautet: „Indem du an dir selbst arbeitest!" Damit ist das Einüben einer strikten Ehrlichkeit, einer aufrichtigen Selbsterkenntnis, das Bewusstwerden des eigenen Karmas und die Erkenntnis des eigenen Wachstumsprozesses gemeint. Durch diese stille Arbeit an uns selbst werden unsere geistigen Körper allmählich immer flexibler – und damit hellseherische Fähigkeiten möglich. Der Eine braucht dafür vielleicht sieben Jahre, ein anderer sieben Inkarnationen, der Dritte womöglich sieben mal sieben Inkarnationen. Wie viel Zeit wir benötigen, bleibt uns verborgen und hängt unter anderem von unserem Einsatz und unserer Bereitschaft ab, an uns selbst zu arbeiten. Natürlich hängt es auch davon ab, was wir uns in unseren früheren Inkarnationen diesbezüglich bereits angeeignet haben. Diese geduldige, beharrliche Arbeit an uns selbst ist auch wichtig für alle, die schon hellsichtig/ hellhörig usw. sind. Allein durch diese Arbeit an uns selbst gehen die hellseherischen Fähigkeiten nicht wieder verloren. Es ist daher höchst wichtig, dass den *Kindern der Neuen Zeit*, die solche Talente haben und auch nach der Pubertät – wenn der Astralleib sich am physischen Körper angeheftet hat – hellsichtig bleiben, folgenden Auftrag als Lebensmission mitzugeben: „Arbeite gewissenhaft an dir selbst." Nur dann bleiben ihre Fähigkeiten rein und von Dauer.

Die Bedeutung der Entwicklung irdischer Kraft

Es dürfte nun deutlich geworden sein, dass in den beschriebenen Entwicklungen auch eine Gefahr lauern kann: Die Gefahr „abzuheben". Durch die hellseherischen Fähigkeiten und das Lichten des Schleiers wird der Fokus von diesem Leben auf das Leben hinter dem Schleier verschoben. Indem wir innerlich auf jene andere Welt ausgerichtet sind, droht die Gefahr, dass wir zu wenig mit beiden Beinen hier auf Erden auf dem Boden ankommen und folglich zu wenig geerdet sind. Dann werden wir zu „abgehobenen Typen", wie man so sagt.

Kinder der Neuen Zeit werden sich daher ein Leben lang im Erden üben müssen. Sie werden sich immer wieder die Tatsache vor Augen halten müssen, dass nur derjenige, der mit beiden Beinen fest auf dem Boden steht, auch eine dauerhafte Verbindung zur anderen Welt bekommt. Wer „schwebt" und folglich zu wenig geerdet ist, sieht dieses irdische Leben nicht länger scharf. Es ist, als würde sich ein Schleier über dieses irdische Leben legen und als würden wir zu wenig daran beteiligt sein.

In meinem Buch „Zehn Lebenslektionen für diese Zeit" habe ich beschrieben, wie man das lernen kann – sich zu erden oder mit dem Boden zu verhaften. Darin finden Sie Ratschläge und Übungen, welche die *Kinder der Neuen Zeit* nutzen können, um sich immer wieder zu erden und mit beiden Beinen auf dem Boden zu stehen.[17]

4.

Wie Kinder der Neuen Zeit kommunizieren

Im Herzen des anderen ein- und ausgehen

Viele *Kinder der Neuen Zeit* stehen, wie wir bereits festgestellt haben, in einer lebendigen inneren Verbindung mit der Geistigen Welt. Diese Verbindung ist für sie so selbstverständlich, dass sie sich dieser nicht einmal richtig bewusst sind. Sie würden meine Definition, wie ich sie hier nun formuliere, für etwas, was sie als ganz normal empfinden, wahrscheinlich für viel zu übertrieben halten. Dennoch entlehnen sie vor allem eben jener anderen, geistigen Welt ihre Ideale und Inspiration. Man könnte es auch so sagen: Die lebendige Verbindung zur Geistigen Welt färbt ihre Lebenshaltung. Daher sind für sie paranormale Fähigkeiten auch so selbstverständlich und normal. Doch die meisten von ihnen erkennen, wie wir festgestellt haben, für sich selbst ihre Lebensmission nicht in erster Linie im paranormalen Bereich. Für sie liegt diese Aufgabe vielmehr in der Verbindung mit anderen Menschen. Sie sind mehr darauf fixiert als auf ihre paranormalen Fähigkeiten. Das ist an sich auch ganz verständlich; denn *Kinder der Neuen Zeit* sind ja stark sozial orientiert, spüren andere hautnah und können daher von innen heraus normalerweise gar nicht anders, als anderen Menschen beizustehen und diese zu unterstützen.

Doch wie kommt es eigentlich, dass die *Kinder der Neuen Zeit* – zumindest die meisten von ihnen – so stark sozial orientiert sind? Wie kommt es eigentlich, dass sie ohne Worte wissen, was im anderen vorgeht? Wie kommt es, dass sie den anderen vor allem trösten möchten? Wie kommt es, dass sie gleichsam automatisch beschließen, bei Gegensätzen zwischen Menschen eine Brücke zu schlagen? Wie kommt es, dass sie das zu ihrem Lebensziel machen? Was macht sie in Bezug auf Kommunikation so stark?

Es ist die Folge der Tatsache, dass ihre geistigen Körper – ihr Ätherleib und ihr Astralleib – flexibel geworden sind. Weiter oben haben wir bereits festgestellt, dass sich die Beweglichkeit ihrer geistigen Körper meist auch nach der Pubertät nicht ganz verliert und damit paranormale Fähigkeiten ermöglicht. Doch diese Beweglichkeit, und hier insbesondere die Beweglichkeit ihres Astralleibs, hat auch noch andere Konsequenzen. Die *Kinder der Neuen Zeit* können ihren Astralleib nämlich so weit öffnen, dass sie ihren Mitmenschen, auf den sie ihre Aufmerksamkeit gerichtet haben, automatisch in ihrem Astralleib aufnehmen. Sie können folglich ihren Astralleib ausweiten, ausdehnen und diesen gleichsam um den anderen herumwinden. Aber nochmals: All dessen sind sich die meisten gar nicht bewusst, so selbstverständlich ist für sie diese Art der Kommunikation. Ein Hellsichtiger kann dies hingegen immer wieder bewusst wahrnehmen. Ältere Generationen, bei welchen der Astralleib viel straffer am physischen Körper anliegt, besitzen diese Fähigkeit, den anderen in ihren Astralleib aufzunehmen, gar nicht oder in jedem Fall viel weniger ausgeprägt. Sie können sich dadurch viel schwerer, gewissermaßen weniger automatisch mit ihren Mitmenschen verbinden und folglich auch weniger leicht mit ihnen kommunizieren.

Die *Kinder der Neuen Zeit* bilden die erste Generation, die diesen flexiblen, beweglichen Astralleib bekommt, der eine ganz neue menschliche Entwicklung ermöglicht. Wenn sie ihr Gegenüber in ihren Astralleib aufnehmen, geschieht etwas Besonderes: In diesem Moment werden sie gleichzeitig auch mit dem inneren Wesen des anderen verbunden. Sie spüren genau, was in dem anderen vor sich geht. Sie sind imstande, im Herzen des anderen ein- und auszugehen. Sie spüren, was der Betreffende eigentlich sagen möchte, wofür er jedoch keine Worte findet. Sie spüren, welche Fragen oder Sorgen den anderen gerade bewegen. Kurz gesagt – sie sind ganz direkt ans Herz des anderen und an alles, was darin vor sich geht, angeschlossen.

Auf dem Weg zu einer neuen Verbundenheit

Eigentlich ist es eine ganz besondere Entwicklung, dass die *Kinder der Neuen Zeit*, anders als frühere Generationen, so direkt an das Wissen anderer Menschen angeschlossen sind. An dieser Entwicklung zeigt sich etwas Besonderes. In der Geistigen Welt, wo wir vor unserer Geburt gelebt haben und wohin wir nach unserem Tod auch wieder zurückkehren werden, sind wir miteinander eins. Dort gibt es keine (Ab-)Trennung. Wir fließen gleichsam ineinander, wir sind eins und ganz Kommunikation, wir sind eins und ganz Verbundenheit. Man kann auch sagen: Wir sind in der Geistigen Welt gleichsam ein beständiges *Gespräch ohne Worte*.[18] Erst wenn wir zur Erde hinabsteigen und uns mit unserem Körper verbinden, werden wir mehr und mehr voneinander getrennt – die ursprüngliche Einheit verwandelt sich allmählich in Isolation.

An der Entwicklung, die mit den *Kindern der Neuen Zeit* beginnt, sehen wir, dass diese alte, nahezu vollständige Isolation durchbrochen wird und eine neue Entwicklung entsteht, die uns auf einer höheren, umfassenderen Ebene wieder miteinander verbinden wird. Die alte Isolation ist nicht mehr absolut und vollständig, sondern beginnt, den Platz für eine neue Verbundenheit zu räumen.

Gestehen Sie es mir aufgrund der großen Tragweite dieses Themas zu, es nochmals zusammenzufassen: Wenn *Kinder der Neuen Zeit* imstande sind, ihr Gegenüber in ihre eigene Aura beziehungsweise ihren eigenen Astralleib aufzunehmen und dadurch im Herzen des anderen ein- und auszugehen, können wir darin folglich eine ganz besondere neue Entwicklung erkennen. Wurden wir bisher im Laufe der Evolution immer mehr und immer weiter voneinander getrennt, so treten wir als Menschen hier auf Erden nun in eine ganz neue Entwicklungsphase ein, die uns zu einer neuen Verbundenheit untereinander und zu einer neuen Einheit führen wird. Diese Einheit ist eine bewusste Einheit, die wir aus uns selbst heraus zustandebringen müssen.

Die *Kinder der Neuen Zeit* müssen den anderen ja selbst in die eigene Aura aufnehmen, sich selbst bewusst machen, was sie im Herzen des anderen lesen, und selbst entscheiden, wie sie damit umgehen. Ist die Einheit in der Geistigen Welt eine selbstverständliche, beinahe schon automatische Einheit, so wird die neue Einheit hier auf Erden eine bewusste, selbst gewählte Einheit und Verbindung werden. Das ist das völlig Neue an dieser Entwicklung. An den *Kindern der Neuen Zeit* wird der allererste Beginn dieser neuen Entwicklung sichtbar. Bedenken Sie dabei bitte, dass diese Entwicklung noch viele Hunderte von Leben erfordern wird. Wir werden noch viele Evolutionsschritte zurücklegen, bevor diese Entwicklung hier auf Erden auch tatsächlich vollkommen umgesetzt sein wird. Die neue Art der Kommunikation, die diese *Kinder der Neuen Zeit* an den Tag legen, bedeutet dennoch einen echten Bruch mit dem alten Entwicklungsweg, der zu einer immer stärkeren und tiefer gehenden Isolation voneinander geführt hat. Sie bildet den Übergang zu einer ganz neuen Entwicklung, die uns immer stärker miteinander verbinden wird.

Man könnte es auch so formulieren: Die Tatsache, dass wir hier auf Erden imstande sind, einander zu spüren und einander – wenn vielleicht auch nur bruchstückhaft – zu verstehen, ist eine Fähigkeit, die wir bei unserer Geburt aus der Geistigen Welt mitgenommen haben – denn dort waren wir ja ohne Worte eins.[19] Das ist an sich schon etwas Besonderes, über das man zutiefst staunen darf. Mich zumindest berührt es in hohem Maße, wenn ich in aller Ruhe innehalte und das Ganze meditativ betrachte; denn jene unbedeutende Fähigkeit, einander zu spüren und zu begreifen, wird in kommenden Zeiten und Entwicklungsphasen zu einem immer tiefer und intensiver werdenden gegenseitigen Verständnis anwachsen – auf eine neue, bewusste und irdische Weise.

Ich bin und bleibe bei alledem ganz nüchtern. Ich werde als einer der Ersten zugeben, dass oft das Gegenteil zu passieren scheint und wir uns anscheinend noch mehr voneinander entfremden, anstatt einander verstehen zu lernen. Dennoch wird derjenige, der die Entwicklungen auf dieser Erde genau betrachtet, die am Phänomen der *Kinder der Neuen Zeit* sichtbar werden, voller Freude erkennen, dass wir bereits die allerersten Schritte auf einem Weg getan haben, der uns aus dem tiefen Tal der Isolation zu einer wahren Verbundenheit miteinander führen wird.

Die Notwendigkeit absoluter Ehrlichkeit

Es ist wichtig zu erkennen, dass die *Kinder der Neuen Zeit* im Allgemeinen äußerst respektvoll und liebevoll mit dem umgehen, was sie im Herzen des anderen lesen. Ihr Hineinspüren in den anderen und ihr gefühltes Wissen über das, was im Herzen ihres Gegenübers vor sich geht, ist ein Wissen voller Mitgefühl, voller Liebe. Man könnte auch sagen, sie fühlen und sehen die Dinge mit Rührung, und sind tief bewegt. Sie müssen auch keine Angst vor dem haben, was diese Kinder vielleicht sehen oder spüren. Sie brauchen deren respektvolle Annäherung „nur" mit Ehrlichkeit zu beantworten.

Loes, ein achtjähriges Mädchen, sagte in der Schule spontan zu ihrer Lehrerin: *„Fräulein, du bist krank im Bauch, du musst ins Bett."* Ihre Lehrerin hatte in jener Nacht ihre Regelblutung bekommen und litt diesmal unter stärkeren Menstruationsbeschwerden als sonst. Eigentlich hätte sie sich am liebsten unter ihre Bettdecke verkrochen.

Zum Glück war diese Lehrerin eine spontane Frau, die postwendend mit folgenden Worten reagierte: „Du hast recht, ich fühle mich wirklich ein bisschen krank, und wenn ich nach Hause komme, werde ich mich sofort ins Bett legen." Doch stellen Sie sich einmal vor, wenn die Lehrerin zu Loes gesagt hätte: „Ich bin überhaupt nicht krank, klar? Es ist alles bestens." Dann wäre Loes ziemlich verwirrt gewesen. Sie hätte an ihrem eigenen Gefühl gezweifelt; denn sie hatte richtig gespürt, dass es ihrer Lehrerin nicht gut ging. Diese hätte jedoch behauptet, dass alles bestens sei. Offenbar stimmte ihr Gefühl nicht ... Sie können sich vorstellen, dass Loes, wenn ihr dies ein paarmal hintereinander passiert wäre, dass Erwachsene in ihrem Umfeld knallhart leugneten, was sie spürte und spontan so äußerte, ihre Spontaneität allmählich verloren und sich in Zukunft verschlossen hätte.

Dieses Beispiel beinhaltet eine klare Lektion für alle Erwachsenen, die mit *Kindern der Neuen Zeit* zu tun haben: Sagen Sie bitte die Wahrheit und nichts als die Wahrheit. Wenn Sie mit dieser Wahrheit schummeln, beispielsweise weil sie sich überfallen fühlen oder das Gesagte peinlich finden, dann bringen Sie das Kind dazu, dass es an seinen eigenen Gefühlen zweifelt.

Ton, ein sechsjähriger Junge, sagte zu seinem Onkel: *„Onkel Kees, du bist ganz schön wütend, was?"* Das stimmte, denn Onkel Kees hatte gerade einen heftigen Streit mit seiner Frau gehabt, bevor er bei seiner Schwester zu Besuch vorbeikam. Ton konnte das jedoch überhaupt nicht wissen, denn dieser Streit hatte sich ja an einem anderen Ort abgespielt. Onkel Kees fühlte sich jedoch ertappt und leugnete dies daher in seiner Antwort, mit einer Spur der Entrüstung in der Stimme: „Neenee, ich bin überhaupt nicht wütend, wie kommst du darauf?" Diese Antwort von Onkel Kees ist eine jener Selbstschutzbehauptungen, die wir immer wieder benutzen, wenn wir uns überfallen fühlen. Doch genau diese Art von Bemerkungen sind es, womit wir den *Kindern der Neuen Zeit* viel mehr Schaden zufügen, als wir oft denken.

Doreen Virtue sagt in diesem Zusammenhang folglich auch: „Wenn die Eltern die Wahrheit leugnen, kann das die Kinder verrückt machen vor Frustration."[20] Diese Aussage von Virtue gilt meines Erachtens nicht nur für Eltern, sondern für alle Erwachsenen, die mit *Kindern der Neuen Zeit* zu tun haben.

Wie wichtig es ist, wahrhaftig zu sein

Zu diesem geschärften Einfühlungsvermögen von *Kindern der Neuen Zeit* gehört auch, dass sie genau wissen, wer wirklich er selbst ist und wer nicht. Sie spüren haargenau, wer „echt" ist und wer nur eine Rolle spielt – und überall, wo sie mit unaufrichtigen Menschen zu tun haben, geraten die *Kinder der Neuen Zeit* innerlich in Schwierigkeiten. Sie spüren, dass ihr Gegenüber ganz anders ist, als er vorgibt. Sie spüren, dass der andere in seinem Inneren ganz andere Gefühle hegt, als er nach außen hin zeigt. Worauf sollen sie reagieren? Auf das, was der andere sagt, oder auf das, was sie unausgesprochen fühlen? Wenn Kinder lange Zeit regelmäßig in einer solchen Atmosphäre verbringen, verlieren sie ihre Spontaneität und wagen es nicht einmal mehr, auszusprechen, was sie nun eigentlich in ihrem Inneren empfinden. Es liegt auf der Hand, dass das nicht angemessen oder gut sein kann. Es ist offensichtlich, dass man etwas anderes gesagt bekommt, als man innerlich fühlt …

Kinder spüren außerdem die Probleme, die ihre Eltern haben, ganz genau, auch wenn diese sie vor ihrem Kind verschweigen. Sie wissen beispielsweise, dass der Vater ein Alkoholproblem hat, auch wenn er vielleicht niemals in der Anwesenheit seiner Kinder trinkt. Sie wissen, dass ihre Mutter im Grunde unzufrieden ist, weil sie sich von ihrem Leben mehr erwartet hatte. Sie spüren genau, was sich zwischen Vater und Mutter abspielt. Es ist wichtig, dass Vater und Mutter diese Gefühle und Probleme zugeben und nicht leugnen, wenn ihr Kind sie anspricht.

Alle Kinder, ganz sicher auch die intuitiven Kinder oder die „Kinder der Neuen Zeit", brauchen die Bestätigung durch ihre Eltern und Lehrer. Sie suchen die Bestätigung, dass ihre Gefühle richtig sind. Nur dann lernen Kinder, auf diese Gefühle zu vertrauen. Werden diese Gefühle jedoch immer wieder geleugnet, so wachsen diese Kinder ohne Bestätigung auf und bauen nicht das lebensnotwendige Selbstvertrauen auf. Daher ist das größte Geschenk, das wir *Kindern der Neuen Zeit* machen können – wir selbst. Wenn wir ehrlich, aufrichtig und echt, eben wir selbst sind. Wer mit *Kindern der Neuen Zeit* zu tun hat, wird von ihnen natürlich auch herausgefordert, an sich selbst zu arbeiten!

Kinder der Neuen Zeit holen unser Inneres Kind ans Licht

Ein Vater erzählte, dass seine sechsjährige Tochter ein typisches *Kind der Neuen Zeit* war. Sie war hellfühlig, sah Engel, machte regelmäßig jene weisen Bemerkungen, an welchen man ein *Kind der Neuen Zeit* so leicht erkennt, und wusste ohne Worte, was in ihrem

Vater und ihrer Mutter vor sich ging. Sie hatte ein umgängliches Wesen, denn sie spürte, dass sie verstanden und so angenommen wurde, wie sie war. Doch manchmal wurde sie plötzlich ganz schwierig, beinahe widerspenstig. Das geschah immer, stellte der Vater ganz schnell fest, wenn er mit seiner Frau Streit hatte oder sie sich einfach nur gegenseitig übereinander ärgerten und dadurch die selbstverständliche Harmonie, die sonst immer zwischen ihnen bestand, verloren. Der Vater erkannte, dass seine Tochter diese Disharmonie genau spürte und gleichsam widerspiegelte. Sie wurde schwierig, wenn sie spürte, dass bei ihr zu Hause die Harmonie verlorenging. Indem er dies begriff, konnte er seinen Impuls, auf seine Tochter böse zu werden, nach dem Motto: „Warum bist du gerade jetzt so schwierig, da ich gerade mit mir selbst und mit deiner Mutter solche Schwierigkeiten habe?", beherrschen und stattdessen den Streit oder Ärger mit seiner Frau beilegen. Er begriff, dass seine Tochter wieder fröhlich und umgänglich werden würde, sobald die Harmonie ins Haus zurückkehrte.

Dieser Vater hat dank der Lektion, die seine Tochter ihm erteilte, festgestellt:

„*Kinder der Neuen Zeit* holen das Innere Kind in uns ans Licht, wenn wir bereit sind, ihnen wirklich zuzuhören." Auf die Frage, was er damit meine, sagte er: „Von meiner Tochter habe ich gelernt, es nicht dem anderen zuzuschieben, wenn ich mich dazu hinreißen lasse, über einen anderen Menschen wütend zu werden, mich zu ärgern oder ihn zu verurteilen, sondern die Ursache dafür in mir selbst zu suchen. Ich weiß, dass ich diese Emotionen nur wieder loswerden kann, indem ich mich innerlich neu mit den tieferen Kräften des Vertrauens, des Loslassens und der Hingabe verbinde. So lehrt mich meine Tochter immer wieder, den Weg vom Ego zum Höheren Selbst zu gehen. Am liebsten sage ich es einfach mit folgenden Worten: Sie lehrt mich immer wieder, mein Inneres Kind ans Licht zu bringen."

Wenn Sie bereit sind, in den Spiegel zu schauen, den uns diese *Kinder der Neuen Zeit* vorhalten, bringt Ihnen das letztendlich einen großen Gewinn. Sie erfahren Selbsterkenntnis, Sie lernen, wie und woran Sie an sich selbst arbeiten können und begeben sich automatisch auf diesen Weg des geistigen Wachstums, der Sie immer weiter aus der Ebene des Egos in die Sphären des Höheren Selbst führt – oder auf den Weg, auf dem die Kräfte des Egos veredelt und zu höheren Kräften emporgehoben werden, die im Dienste des Höheren Selbst stehen. Wer diesen Weg geht, bringt gleichsam das Innere Kind zur Welt und wird zu einem anderen, einem neuen Menschen.

Mit dem Quell der Liebe verbunden

Die *Kinder der Neuen Zeit* sind mit Sicherheit keine Heiligen. Wenn sie in jungen Jahren in einer Atmosphäre aufwachsen müssen, die von Unverständnis, fehlender Anerkennung und mangelndem Verständnis für ihr Wesen geprägt ist, führt der Wildwuchs, der dann entsteht, zu allen möglichen Problemen, insbesondere auf der Beziehungsebene. Nachdem ich dies gesagt habe, möchte ich auch die andere Seite der Medaille nennen, inwiefern nämlich *Kinder der Neuen Zeit* es nicht verstehen, warum die Menschen in ihrem Umfeld nicht aus Liebe sprechen und handeln, sondern sehr viel öfter aus Angst oder Berechnung reagieren beziehungsweise aus anderen Motiven heraus reden, die der Liebe diametral entgegengesetzt sind. Sie selbst sind von der Kraft der Liebe getrieben. Dies ist der tiefste Quell, der in ihnen aufwallt. In ihren jungen Jahren sind sie noch sehr stark mit dieser Quelle verbunden. Daher können sie nur sehr schwer verstehen, warum andere nicht aus dieser Quelle leben – zumal sie doch, so denken sie, für jeden sichtbar ist. Allein schon die Tatsache, dass jeder unseren Egoismus und unsere Habgier oder unsere Ohnmacht sehen kann, sollte uns doch zu einer anderen Haltung bringen müssen, oder nicht? Für die *Kinder der Neuen Zeit* ist es tatsächlich nur schwer zu verstehen, dass andere Menschen nicht sehen, was sie sehen, oder fühlen, was sie fühlen. Sie wissen meist noch nicht, dass die Dinge, die für sie so klar sind – nämlich aufgrund welcher Einstellung Menschen leben, reden und handeln – anderen verborgen sind.

Es ist wichtig, dass sie sich dieses Unterschiedes zwischen ihnen selbst und den meisten anderen Menschen bewusst werden. Haben sie dies einmal verstanden, so können sie die Handlungen, Worte und Reaktionen anderer Menschen ein wenig besser einschätzen.

Warum trampeln andere Menschen über meine Gefühle hinweg?

Die besondere Lebenseinstellung, welche die *Kinder der Neuen Zeit* haben, bringt noch ein weiteres Problem mit sich: Wir haben festgestellt, dass die *Kinder der Neuen Zeit* im Herzen ihrer Mitmenschen ein- und ausgehen und ganz leicht spüren, was der andere denkt, empfindet oder überlegt. Aufgrund dieses präzisen, starken Einfühlungsvermögens nehmen die *Kinder der Neuen Zeit* automatisch auf die Wünsche, Gefühle und Begehrlichkeiten der anderen Rücksicht. Es ist ja so klar, was der andere will, da braucht man doch nicht zu fragen, oder? Das weiß man einfach.

Doch weil sie selbst so automatisch Rücksicht auf andere nehmen, verstehen sie nicht, warum ihre Mitmenschen dies umgekehrt nicht auch mit ihnen tun. Sie verstehen nicht, warum andere so einfach über ihre Gefühle hinwegwalzen. Sie verstehen ja nicht, dass der andere nicht kann, was sie können. Sie wissen nicht, dass der andere nicht spürt, was in ihrem Herzen vor sich geht. Sie wissen daher auch nicht, dass der andere ihre Gefühle meist nicht kennt und versteht und somit auch nicht auf diese Rücksicht nehmen kann.

Es ist ganz wichtig, dies den *Kindern der Neuen Zeit* zu erklären, so dass sie lernen, für ihre eigenen Gefühle einzustehen und diese dem anderen gegenüber deutlich auszusprechen, anstatt sich aus Verletztheit immer weiter in sich selbst zurückzuziehen. Etwas ältere *Kinder der Neuen Zeit* stecken voller Wut, weil sie in ihrer Jugend miterlebt haben, dass die Erwachsenen in ihrem Umfeld ständig über ihre Gefühle hinweggetrampelt sind, ohne dass sie verstehen konnten, weshalb diese das taten. Wenn sie dies einmal verstanden haben, wird das auch ihnen die Kraft geben, in Zukunft auszusprechen, was in ihnen vor sich geht, anstatt mit dem Einfühlungsvermögen des anderen zu rechnen.

Abschließend sei noch Folgendes gesagt: Die Mayas wussten dank ihres Kalenders von den großen Veränderungen, die sich in unserer Zeit ergeben und noch ergeben werden.[21] Eine dieser Veränderungen, die sie schon vor langem vorausgesagt haben, ist die Tatsache, dass die Menschheit in dieser besonderen Übergangszeit die Fähigkeit entwickeln wird, sich telepathisch zu verständigen. Es ist faszinierend zu beobachten, wie in der neuen Fähigkeit zu kommunizieren, welche die *Kinder der Neuen Zeit* an den Tag legen, die ersten Anfänge dieser Entwicklung sichtbar werden, die dazu führen soll, dass wir lernen, telepathisch zu kommunizieren! Denn ohne Worte zu spüren, was der andere denkt, fühlt oder erwägt, ist ja der erste Schritt zur telepathischen Kommunikation!

5.

Die Folgen ihrer Sensitivität: ADHS, ADS und PPD-NOS

Spiegel und Antenne...

Im vorangegangen Kapitel haben wir festgestellt, dass die *Kinder der Neuen Zeit* uns etwas spiegeln. Sie zeigen uns gleichsam wie ein Spiegel, was von uns ausgeht. Haben wir Stress, dann werden sie stressig. Sind wir innerlich nicht im Gleichgewicht, geraten sie aus der Balance. Haben wir Kummer, dann weint das *Kind der Neuen Zeit* nachts, ohne zu wissen warum. Sie zeigen uns also, was wir fühlen, was wir wirklich denken oder was wir noch nicht verarbeitet haben. Sie spüren nämlich immer haargenau, was in uns vorgeht, und übernehmen das unbewusst.

Ich kann es noch deutlicher formulieren: Was die *Kinder der Neuen Zeit* an uns, den Erwachsenen in ihrem Umfeld, erspüren, nehmen sie so tief in sich auf, dass es sich für sie so anfühlt, als spürten sie ihre eigene Ohnmacht und ihr eigenes Gefühl, im Stich gelassen zu werden. Dadurch bleibt ihnen nichts anderes übrig, als von innen heraus auf diese Gefühle zu reagieren und diese auf ihre eigene Weise wieder abzureagieren.

An sich ist dies für Eltern und andere Erziehungsberechtigte von *Kindern der Neuen Zeit* nicht einfach. Nehmen wir beispielsweise den Stress und den Kummer, die wir manchmal in uns tragen. Diese Fakten halten uns die Kinder folglich wie einen Spiegel vor, indem sie uns gegenüber dasselbe Verhalten zeigen, oft sogar noch verstärkt. Das ist vor allem auch deshalb so unangenehm, weil diese

Spiegelreaktion der Kinder die Probleme oft noch zuspitzt: Wenn die Mutter gestresst ist und das Kind in einer Spiegelreaktion daraufhin widerspenstig wird, wird der Stress noch größer. Es erfordert große (Selbst-) Erkenntnis, um aus dieser negativen Spirale wieder herauszukommen. Man muss als Elternteil oder Erziehungsberechtigter erkennen, wie die Dinge liegen. Man muss sich bewusst machen, dass man erst einmal selbst zur Ruhe kommen muss, damit das Kind dann auch wieder automatisch zur Ruhe kommt.

Es ist klar, dass die Spiegelfunktion der *Kinder der Neuen Zeit* von den Erwachsenen in ihrem Umfeld Mut erfordert: Mut, es zu wagen, sich selbst im Spiegel zu betrachten; Mut, im Spiegel ihre eigene Ohnmacht, ihren Stress und ihre unverarbeiteten Gefühle zu sehen und zu erkennen. Wir haben bereits festgestellt: Die *Kinder der Neuen Zeit* zwingen die Erwachsenen in ihrem Umfeld unbewusst zu Ehrlichkeit, Selbsterkenntnis und zur Arbeit an der eigenen Persönlichkeit. Dadurch bringen sie sie auf den Weg des geistigen Wachstums. Ein *Kind der Neuen Zeit* zu erziehen, es bis ins Erwachsenenalter zu begleiten und dabei die Lektionen ernst zu nehmen, die sie einem bescheren, kann man somit auch als die „Autobahn der geistigen Entwicklung" bezeichnen.

Die *Kinder der Neuen Zeit* fungieren auch, um ein anderes Bild zu gebrauchen, als „Antenne". Sie fangen die Emotionen anderer Menschen auf und spüren diese, als seien es ihre eigene Emotionen. Betreten sie einen Raum, in dem mehrere Menschen beisammen sind, so fangen sie augenblicklich alles auf, was sich unterschwellig zwischen den verschiedenen Anwesenden abspielt. Meist merken sie selbst nicht, dass sie das tun und wie eine Antenne alle Gefühle der anderen auffangen. Dadurch kann es passieren, dass sie wütend sind, Kummer haben oder auch enttäuscht sind, ohne zu wissen, weshalb. Gerade Letzteres, nämlich die Tatsache, dass die Kinder selbst nicht wissen, woher ihre Gefühle kommen, zeigt, dass es um Emotionen geht, die sie von anderen aufgefangen haben, als wären sie eine Antenne.

Ein Bombardement

Wenn wir nun diese letzten Bilder – den Spiegel und die Antenne –
im Hinterkopf behalten und uns dann vorstellen, wie sich ein *Kind
der Neuen Zeit* fühlen muss, wenn es sich in einer größeren Men-
schenansammlung – beispielsweise in einer Schulklasse – befindet,
welches Bild kommt dann auf? Mir und anderen drängt sich dann
das Bild eines „Bombardements" auf. Die *Kinder der Neuen Zeit
hören* alles, was geschieht. Wenn jemand in einer Gruppe niest oder
flüstert, wenn ein Flugzeug hoch über den Wolken vorüberfliegt oder
eine Fliege summend an der Fensterscheibe herumschwirrt, ohne
ein offenes Fenster zu finden, usw. Außerdem *sehen* sie auch alles,
was geschieht: Das stille Lächeln, das zwei Menschen verstohlen
miteinander austauschen, das geheimnisvolle Verhalten eines anderen, zwei Schmetterlinge, die aufeinander sitzen oder umeinander
herumtanzen, und vieles mehr. Darüber hinaus – als sei dies noch
nicht genug – *fühlen* sie auch alles, was sich so abspielt. Wenn jemand in der Gruppe Kopfschmerzen hat, bekommen sie selbst Kopfschmerzen. Oft wissen sie nicht einmal, dass dieser Kopfschmerz
nicht von ihnen selbst herrührt, sondern von einem anderen Menschen kommt. Sie spüren ganz genau, wenn sich jemand in seiner
Haut nicht so recht wohl fühlt. Sie spüren gleich, wenn zwischen
zwei Menschen unausgesprochene – negative oder positive – Gefühle hin- und herwechseln. Sie spüren augenblicklich, wenn in einer
Gruppe keine Harmonie herrscht, sondern allerhand unterschwel-
lige, unausgesprochene Gefühle bestehen. Sie reagieren dann meist
direkt, intuitiv und spontan auf das, was sie fühlen. Nur die Kinder,
die ihr Vertrauen in die Erwachsenen verloren haben und sich nicht
sicher fühlen, verschließen sich und schweigen, ganz gleich, was sie
spüren. (Drehen Sie dies jetzt bitte nicht um, indem Sie sagen: „Also
ist es die Schuld der Erwachsenen in seinem Umfeld, wenn ein Kind
schweigsam ist und niemals etwas sagt. Offensichtlich wagt es das
Kind nicht, ihnen zu vertrauen." Es gibt ja auch Kinder, die von sich
aus verschlossen sind und das mangelnde Vertrauen bereits aus der
Geistigen Welt als Relikt aus einem früheren Leben mitgebracht ha-

ben. Es geht nicht darum, jemanden zu verurteilen, sondern darum, verstehen zu lernen und die Dinge richtig wahrzunehmen!

Kinder der Neuen Zeit hören, sehen und spüren folglich alle möglichen Dinge, welche die meisten Eltern – die nun einmal keine *Kinder der Neuen Zeit* sind und diese Sensitivität nicht besitzen – nicht hören, sehen und fühlen. Noch deutlicher: Es ist für diese Eltern oft unvorstellbar, dass die *Kinder der Neuen Zeit* das alles wirklich wahrnehmen, hören und fühlen. Sie können es sich kaum vorstellen, dass es wirklich stimmt, was die *Kinder der Neuen Zeit* alles aufzufangen behaupten.

Wenn man nun einmal alles hintereinanderreiht, was die *Kinder der Neuen Zeit* hören, sehen und fühlen, wird das Bild eines fortwährenden „Bombardements" begreiflich und logisch: Sie sind einem fortwährenden Bombardement durch Eindrücke, Reize und Emotionen unterworfen. Was es für die *Kinder der Neuen Zeit* besonders schwierig macht, ist die Tatsache, dass sie meist gar nicht bemerken, weshalb das, was sie spüren, gar nicht von ihnen selbst kommt, sondern dass sie es von einem anderen Menschen auffangen. Sie können folglich schwer unterscheiden zwischen dem, was von innen, aus ihnen selbst heraus, kommt, und was von ihren Mitmenschen stammt. Daher benötigen sie Hilfe:

- ✿ Diese beginnt mit einer deutlichen Klarstellung: *Kinder der Neuen Zeit* nehmen nun einmal Dinge sehr leicht auf, ohne zu merken, wie etwas oder was geschieht.
- ✿ Folglich müssen sie lernen, sich selbst zu fragen: „Warum spüre ich diese Emotion?" Wenn sie das nicht von sich aus erklären können, haben sie diese wahrscheinlich von einem anderen übernommen.
- ✿ Sie müssen auch lernen, fest in sich verwurzelt zu bleiben, so dass die Abgrenzung von ihrem eigenen Ich gegenüber dem von anderen Menschen aus einem größeren Selbstbewusstsein heraus klarer wird. Das bedeutet, dass sie lernen müssen, „Nein" zu sagen, wenn sie etwas nicht wollen, und nur „Ja" sagen dürfen, wenn sie selbst etwas wollen – folglich kein

„Nein" oder „Ja", weil dies von einem anderen Menschen so erwartet wird, sondern weil es von innen heraus kommt. So lernen sie, sich bewusst zu werden, was sie nun eigentlich selbst fühlen, wollen und denken! In einem späteren Kapitel werde ich näher darauf eingehen.

Die erste Reaktion auf das Bombardement: Stress, Stress, Stress, und daher ADHS

Die *Kinder der Neuen Zeit* leben folglich unter dem Stress eines andauernden Bombardements durch Eindrücke, welchen sie täglich ausgesetzt sind. Diese Reizüberflutung führt zu einer permanenten Überlastung. Sie nehmen beinahe ununterbrochen viel mehr auf, als ihre Seele fassen kann. Daher suchen sie – unbewusst natürlich – automatisch nach Möglichkeiten, um diesen Überschuss wieder abzuleiten, damit sie nicht unter die Räder geraten. Prinzipiell finden sie zwei verschiedene Möglichkeiten, um den Stress abzubauen. Manchmal zeigen die Kinder diese beiden Reaktionen abwechselnd nacheinander, manchmal zeigen sie vor allen die eine oder die andere Reaktion.

Die erste Möglichkeit ist Folgende: Manche Kinder werden ganz überdreht, zappelig und unruhig, weil sie versuchen, das Zuviel an Eindrücken abzureagieren, indem sie dauernd in Bewegung sind. Sie reden viel und können keine fünf Minuten still sein. Wenn man gleich über die Dinge spricht, die man erlebt, lässt man sie nicht an sich herankommen, sondern bringt sie nach außen und reagiert sich so ab. *Kinder der Neuen Zeit* können auch nicht oder kaum still sitzen, sondern sind dauernd in Bewegung, um das „Zuviel" wieder loszuwerden. Sie können sich nicht konzentrieren, sondern lassen sich sofort ablenken. Man kann also dieses Verhalten nochmals mit dem Stoßseufzer zusammenfassen: „Sie stehen doch wirklich dauernd unter Strom!"

Im 2. Kapitel haben wir bereits festgestellt, dass das aufgedrehte Verhalten von *Kindern der Neuen Zeit* das auffälligste Kennzeichen dieser Kinder ist, was immer wieder dazu führt, dass sie den Stempel ADS oder ADHS aufgedrückt bekommen: Sie sind krankhaft aktiv und haben eine Konzentrationsstörung. Außerdem sind sie besonders impulsiv. Sie verzetteln sich immer ein wenig und haben das Bedürfnis, alles anzufassen, was ihnen so begegnet. Kinder mit diesem Verhalten kann man mit einem Motor vergleichen, dem niemals der Treibstoff ausgeht. ADS legt die Betonung auf mangelnde Aufmerksamkeit („Attention Deficit Disorder", „Aufmerksamkeitsdefizitsyndrom"), ADHS („Attention Deficit Hyperactive Disorder", „Aufmerksamkeitsdefizit-/Hyperaktivitätsstörung") fügt dem noch die Hyperaktivität hinzu.

Dieses Etikett bedeutet, dass man das aufgedrehte Verhalten der Kinder als krankhaft betrachtet, weshalb das Kind folglich davon geheilt werden muss. Doch unter Berücksichtigung des oben Dargelegten ist es offensichtlich, dass ihr Verhalten im Grunde – so lästig es vielleicht auch sein mag – eigentlich gar nicht krankhaft ist, sondern als gesunde Reaktion der Seele betrachtet werden muss, um die Reizüberflutung wieder abzureagieren. *Kinder der Neuen Zeit* sind nun einmal (viel) sensitiver als frühere Generationen und nehmen daher viel mehr in sich auf. Nicht mit Medikamenten muss man dieses Problem lösen, sondern mit einer völligen Umbildung unserer Gesellschaft, inklusive eines anderen Erziehungs- und Bildungssystems – eines, das nicht auf Leistung und Lernen ausgerichtet ist, sondern spielerisch auf die Formung der Seele.

Gerade an diesem Punkt stellen wir eine Kollision der Interessen fest, die sich durch zwei wichtige Entwicklungen zieht. Die Erste ist diese: Die *Kinder der Neuen Zeit* werden immer sensitiver und folglich auch empfindsamer für Eindrücke aller Art. Auch an den *Kindern der Neuen Zeit* selbst lesen wir diese Entwicklung ab. Man sagt, dass die letzte Generation der *Kinder der Neuen Zeit*, die *Kristallkinder*, noch sensitiver ist als vorangegangene Generationen, wie etwa die *Indigo-Kinder*. Daher brauchen *Kinder der Neuen Zeit* Stille, Kreativität, Klarheit, Ruhe und Struktur. Doch gerade dies fehlt meist in unserer Zeit, denn – und das ist die zweite Entwicklung – wir beobachten, wie unsere Gesellschaft sich mehr und mehr zu einer Gemeinschaft entwickelt, in der eine permanente Flut an Reizen, Emotionen und Informationen auf uns einströmt. Unser Lebenstempo erhöht sich ständig, und die Menschen suchen immer stärkere Reize, um emotional gesättigt zu werden. Das bedeutet, dass die *Kinder der Neuen Zeit* von heute in eine Gesellschaft hineingeboren werden, die immer weniger Möglichkeiten und Raum für ihre Individualität bietet.

Wer ist nun eigentlich krank – das Kind der Neuen Zeit oder die Gesellschaft?

Verschiedentlich habe ich diesen Punkt bereits angetippt, doch lassen Sie mich die Fragestellung aufgrund ihrer großen Tragweite in aller Deutlichkeit noch einmal folgendermaßen formulieren: „Wer ist nun eigentlich krank – das Kind oder die Gesellschaft?" Für mich liegt die Antwort auf der Hand: Die Sensitivität des *Kindes der Neuen Zeit* ist, generell betrachtet, mit Sicherheit keine Krankheit, sondern ein großes Geschenk – wenn auch für den Betroffenen selbst in dieser Gesellschaft gewiss oft ein lästiges Geschenk. Offensichtlich ist unsere Gesellschaft noch lange nicht so weit, Menschen mit dieser ausgeprägten Sensitivität einen sicheren, passenden Raum zum Leben zu bieten. Folglich versucht unsere Gesellschaft, diese Kinder mit Hilfe von Medikamenten und einem Stempel oder Etikett, die sie ihnen aufdrückt, an die heutige Gesellschaft, und nicht die Gesellschaft an diesen neuen Typ von Kind anzupassen. Wenn man den Stempel „ADS" oder „ADHS" aufgedrückt bekommt, dann muss da doch etwas dran sein! Und wir erkennen deutlich: Nun müssen die Experten sich nicht mehr mit der Frage befassen, ob unsere Gesellschaft vielleicht nicht doch krank ist, und nicht das Kind … *Nicht das Kind ist krank, sondern die Gesellschaft ist es!*

Es ist auffällig, dass immer mehr Forscher, die sich mit dem Phänomen der *Kinder der Neuen Zeit* befassen, zu einer ebensolchen Schlussfolgerung kommen oder zumindest eine solche Schlussfolgerung als Frage aufwerfen. So stellt Carolina Hehenkamp folgende Frage: „Es drängt sich die Frage auf, ob die Bezeichnungen ADS und ADHS nicht unbeholfene Versuche sind, abweichende Verhaltensmuster bei Kindern in Schubladen zu pressen, um wenigstens damit umgehen zu können. Könnte es nicht vielmehr so sein, dass sich in

unserer neuen Generation eine genetisch-biologische Umstrukturie-
rung vollzieht, die wir noch nicht verstanden haben und auf die wir
in unserem Unverständnis auch noch nicht reagieren können?"[22]

Um es auf die Spitze zu treiben, könnte man Folgendes anspre-
chen: Natürlich zeigen viele *Kinder der Neuen Zeit* aufgrund des
Umfeldes, in dem sie aufwachsen, diverse Anzeichen eines geistigen Wildwuchses; und natürlich leiden manche von ihnen an ihrer
eigenen Überdrehtheit. Insofern könnten sich einige – beileibe aber
nicht alle! – von ihnen vielleicht als krank bezeichnen und benötigen
eine Behandlung. Doch auch in diesem Fall ist es sehr wichtig zu
verstehen, dass dieser „Wildwuchs" vor allem dadurch verursacht
wird, dass dieses Kind mit seiner ausgeprägten Sensitivität in einer
Gesellschaft leben muss, die dafür keinerlei Respekt oder Verständnis hat. In einem späteren Kapitel werde ich auf die typischen Formen des Wildwuchses bei *Kindern der Neuen Zeit* näher eingehen.

Die zweite Reaktion auf das Bombardement: PPD-NOS

Die zweite Reaktion auf das Bombardement von Eindrücken, welchen sie tagtäglich ausgesetzt sind, ist Folgende: Sie werden nicht
überdreht, sind also nicht extrovertiert, sondern ziehen sich vielmehr
in sich selbst zurück, um ganz frei von Einflüssen von außen zu
sein. Sie gehen nach innen, verschließen sich und umarmen sich
manchmal selbst. Gerade das Letztere zeigt, worauf sie abzielen:
Unerreichbar zu werden, sich zu verschließen und sich selbst folglich vor der Überflutung zu schützen. In dieser Phase knüpfen sie
keine Kontakte zu anderen, hören nicht, was man zu ihnen sagt
und erscheinen starr, ja mehr oder weniger autistisch. Für jeden,
der beginnt, diese Kinder etwas genauer zu betrachten, ist es offensichtlich, dass dieses Sich-Verschließen bezwecken soll, sich eine
kleine Verschnaufpause von der Reizüberflutung zu gönnen und in
der Isolation wieder zu sich selbst zu kommen.

Dieses Verhalten von Kindern führt immer wieder auch zu einem
anderen Stempel: PPD-NOS. Das Kind zeigt, so sagt man dann,

Verhaltensstörungen, die dem Autismus zwar ähneln, aber wiederum nicht ausgeprägt genug sind, um das Kind als autistisch zu bezeichnen. Außerdem zeigt es auch Verhaltensweisen, die an Schizophrenie erinnern, gleichzeitig jedoch auch wieder nicht ausgeprägt genug sind, um das Kind als schizophren zu bezeichnen. Für diesen Typ von Kind, das in keine andere Schublade passt, hat man sich folglich das Etikett „PPD-NOS" ausgedacht.

Der Begriff „PPD-NOS" bedeutet „Pervasive Developmental Disorder, Not Otherwise Specified", auf Deutsch „Tiefgreifende Entwicklungsstörung, nicht weiter spezifiziert". Das bedeutet normalerweise etwas derartig Vages wie: Entwicklungsstörungen, die sich bis in die verschiedenen Entwicklungsbereiche des Kindes hinein erstrecken, wie etwa Sprache, Motorik und Kommunikationsfähigkeit. „Not Otherwise Specified" soll bedeuten, dass dieses Kind in keine andere Schublade passt und daher nur diesen Stempel aufgedrückt bekommen kann. Kinder, die diesen Stempel tragen, so sagt man, sind unbeholfen, ängstlich, knüpfen wenig Kontakte zu anderen und haben Probleme mit Augenkontakt.

Es ist faszinierend, was über die Ursachen von PPD-NOS so alles geschrieben wird, wenn man in der Literatur nachschlägt:

✿ Die analytische Psychologie sagt, dass das Kind von seiner Veranlagung her normal ist, jedoch Probleme durch die Beziehung entstehen, die der Erziehungsberechtigte mit dem Kind entwickelt hat. Dieser Therapierichtung zufolge wird also der Mutter die Schuld an der Störung ihres Kindes zugeschrieben.

✿ In den letzten zehn Jahren geht man immer mehr von einem „biologischen Erklärungsmodell" aus, wie man das so schön nennt. Das Verhalten des Kindes ist die Folge einer bestimmten Veranlagung, und diese Veranlagung entscheidet, ob sich später Probleme ergeben werden. Bei dieser Erklärung liegt die Ursache also bei der Veranlagung des Kindes. Damit geraten wir jedoch ein klein wenig auf die Schiene dessen, was andere Menschen sagen, die einen Blick für die typische Eigenart des *Kindes der Neuen Zeit* haben: Es ist die ausgeprägte Sensitivität des Kindes, die deshalb zu Problemen führt, weil unsere Gesellschaft sich hier überhaupt keinen Rat weiß.

✷ Andere sagen, dass die Störung des Kindes, die meist mit dem Begriff PPD-NOS bezeichnet wird, die Folge eines kleinen genetischen Defekts im Gehirn ist, der während der Schwangerschaft entstanden ist. Bei dieser Erklärung wird das Problem ebenfalls auf das Kind geschoben, und das Kind muss sich verändern, nicht die Gesellschaft.

Auch das vage Etikett PPD-NOS erklärt das hypersensible Kind, das nicht genau weiß, wie es mit dem Bombardement an Eindrücken umgehen soll, zu einem kranken Kind. Man versucht daher, dieses Kind über Behandlungen und Medikamente an die heutige Gesellschaft und nicht die Gesellschaft an den neuen Typ von Kind anzupassen, der in unserer Zeit geboren wird und uns zu einem neuen, höheren Bewusstsein führen möchte.

Ritalin, eine bittere Pille[23]

Immer mehr Kinder und Erwachsene (es gibt inzwischen viele Zehntausende, und ihre Zahl steigt immer weiter) benutzen das Mittel Ritalin. Jahrelang wurde es als das Wundermittel betrachtet, das alle Probleme der *Kinder der Neuen Zeit* lösen konnte. Es ist ein „Heil-" Mittel, das die Konzentration erhöht und auf das Zentralnervensystem stimulierend wirkt. Als Stimulanz führt es auch zu entsprechenden Nebenwirkungen (Depressionen, Erschöpfung und Selbstmordgedanken beispielsweise). Ritalin steht auf der Liste der verbotenen Medikamente, der sogenannten „Opiumliste", und ist in der Tat auch wirklich ein Drogenmittel. Es besteht aus Methylphenidat und wird im Volksmund auch „Zappelphillip-Pille" genannt. Das Verrückte daran ist, dass man immer noch nicht weiß, wie das Mittel genau wirkt. Eines ist jedoch ganz klar: Dieser Stoff ist für schwangere Frauen schädlich …

Im Jahr 2007 wurden 624.000 Rezepte auf Ritalin ausgestellt, und diese Zahl steigt immer noch stark an. Wenn wir bedenken, dass im Jahr 2002 nur 200.000 Rezepte ausgestellt worden sind, wird die rasche Verbreitung dieser sogenannten „Wunderpille" deutlich.

Zurzeit wird immer mehr über ihre vielen Nebenwirkungen bekannt. Im Internet kursieren viele Beispiele dafür. Sie variieren von vielen Kilogramm Gewichtsverlust bis hin zu Depression, von Desinteresse an anderen Menschen bis hin zu Übelkeit, Verlust der Kreativität, Herzklopfen und Libidoverlust.

Dr. Peter R. Breggin führte Untersuchungen an Ritalin durch. Er berichtet darüber u.a. Folgendes:

1. Psychostimulierende Mittel – wie Ritalin – hemmen die Spontaneität, blockieren das persönliche Verhalten und führen zu Folgsamkeit (!), Passivität und in extremen Fällen sogar zu Zombie-artiger Willfährigkeit.

2. Sie sorgen für eine abnorme Konzentration oder hartnäckiges Verharren bei grässlichen oder frustrierenden Fächern, die das Kind normalerweise verweigern oder meiden würde.

3. Sie reduzieren die Fähigkeit, auf andere Menschen oder Situationen zu reagieren. Es scheint so, als würde der Patient nach der Einnahme zwar weniger schnell abgelenkt, tatsächlich werden aber sowohl sein Reaktionsvermögen als auch sein Bewusstsein beeinflusst.

Kurzum: Ritalin unterdrückt die natürliche Spontaneität und ungehemmte soziale Kontakte, während es zugleich zwanghaftes Verhalten fördert und die betreffende Person betäubt und von äußeren Reizen abschneidet. Mit alledem produziert es umgänglichere Menschen – und das war doch der Sinn und Zweck davon, nicht wahr?[24] Oder: Mit Hilfe von Ritalin wird nicht so sehr eine sogenannte 'Krankheit' behandelt, sondern die Persönlichkeit eines Menschen derart verändert, dass der Betreffende in dieser Leistungsgesellschaft „mitlaufen" kann.

6.

Alternative Behandlungsmöglichkeiten

Natürlich brauchen *Kinder der Neuen Zeit* Hilfe, um in einer Gesellschaft, die in der Tat für sie ungeeignet ist, zu leben. Glücklicherweise gibt es auch ganz viele alternative Hilfen. Wenn man von folgenden Möglichkeiten ausgeht und im Internet nach weiteren Ausführungen dazu sucht, wird man eine ganze Menge an sinnvollen Behandlungsmöglichkeiten finden.

Die nachfolgend genannten Behandlungsmöglichkeiten sind übrigens, das betone ich ausdrücklich, nicht dazu bestimmt, auf diesem Gebiet selbst zu experimentieren. Ich möchte damit nur zeigen, dass inzwischen viele Alternativen entwickelt worden sind. *Experimentieren Sie also bitte nicht selbst. Wenn Sie alternative Hilfsmittel einsetzen möchten, so tun Sie dies nur in Begleitung eines fachkundigen Therapeuten!*

Die Ernährung

Die Hypersensibilität der *Kinder der Neuen Zeit* wirkt sich natürlich auch bis in ihren physischen Körper aus. Das bedeutet, dass auch ihr Körper oft auf die verschiedensten Nahrungsmittel (über-) sensibel reagiert. Doch wenn ihr Körper durch diverse Lebensmittel überlastet wird, hat das natürlich wiederum Auswirkungen auf ihr Verhalten und ihre Persönlichkeit. Mit anderen Worten: Das hyperaktive Verhalten der *Kinder der Neuen Zeit* könnte unter Umständen durch eine falsche Ernährung (mit) verursacht werden.[25]

Eine der bekanntesten Ernährungsweisen für Menschen, die den Stempel ADHS aufgedrückt bekommen haben, heißt „Feingold-Diät", benannt nach einem führenden Allergologen und Kinderarzt. Seiner Meinung nach haben viele Menschen mit ADHS eine Nahrungsmittelunverträglichkeit. Insbesondere alle Farb- und Geschmacksstoffe sowie alle Konservierungsmittel müssen – mit Hilfe dieser Diät – vermieden werden.

Eine weitere Diät, die immer mehr in den Blickpunkt des Interesses gerät, ist die „Few-Food Diät" („oligoallergene Diät"). Dabei werden einer Basismahlzeit (nur Reis, Putenfleisch, Birnen und Salat) nach drei Wochen Schritt für Schritt andere Nahrungsmittel zugefügt, um letztendlich herausfinden zu können, auf welche Nahrungsmittel das Kind – oder der Erwachsene – überreagiert. Insbesondere Lidy Pelsser vom Forschungszentrum für Hyperaktivität und ADHS führt viele Forschungen an dieser Diät durch. Ihre Untersuchungen haben ergeben, dass 60% der Kinder mit starken Verhaltensänderungen auf diese Diät reagierten. Sie litten nach Einhalten dieser Diät nicht mehr an den Verhaltenskriterien für ADHS.[26] Das ist schon etwas, worüber es sich lohnt, nachzudenken! *Übrigens warnt auch Pelsser davor, mit Diäten auf eigene Faust herumzuexperimentieren, sondern empfiehlt, dies nur unter der Aufsicht eines fachkundigen Begleiters zu tun.*

Nun haben wir bereits festgestellt, dass die *Kinder der Neuen Zeit* uns zeigen, worin und wie wir unsere Gesellschaft für die Zukunft verändern müssen. Das gilt demzufolge auch für unsere Ernährung: Auch unsere Nahrung werden wir an jene viel feineren Energien anpassen müssen, die die *Kinder der Neuen Zeit* bis tief in ihrem Körper tragen! Es dürfte somit auch logisch sein, dass ganz viele Kinder mit ADHS auf eine Ernährung positiv reagieren, die nur aus biologischen Produkten besteht!

Behandlung mit homöopathischen Mitteln

Untersuchungen haben ergeben, dass 73% der behandelten Kinder auf die Behandlung mit kleineren oder größeren Besserungen reagiert haben.

Nahrungsergänzungsmittel mit Fettsäuren, wie etwa Fischöl (Omega-3 Fettsäuren, DHA und EPA)

Forschungen haben bestätigt, dass dieser Typ von Fettsäuren für eine gute Funktion des Gehirns unentbehrlich ist und bei einem Mangel Entwicklungsstörungen wie ADHS entstehen können. Es ist somit durchaus eine Überlegung wert, ob man nicht dieses Nahrungsergänzungsmittel der täglichen Nahrung beigibt, wenn man ein *Kind der Neuen Zeit* mit Verhaltensstörungen hat.

Übrigens ist nicht jeder von der heilsamen Wirkung dieser Nahrungsergänzungsmittel überzeugt. So stellt Pelsser beispielsweise fest: „Momentan ist eine breite Diskussion über die Wirksamkeit von Fischöl bei ADHS im Gange: Die Statistiken klingen derzeit ermutigend, doch über die Langzeitwirkung ist noch wenig bekannt. Die Hersteller hingegen wecken inzwischen unrealistisch hohe Erwartungen an dieses „Wundermittel". Es wird noch jahrelanger Forschungen bedürfen, bis die Wissenschaft ein adäquates Bild von der langfristigen Effektivität und Eignung von Fischöl bei der Behandlung von ADHS haben wird."

Antioxidantien, Eisenpräparate oder Spurenelemente

Diese Mittel werden von vielen Seiten empfohlen. Zu den Antioxidantien gehört auch Vitamin C. Man nimmt Vitamin C-500 in Tablettenform ein: 1 Tablette pro Tag für Kinder bis sechzehn Jahre, Erwachsene können besser Vitamin C-1000 nehmen, dreimal täglich zu den Mahlzeiten eine Tablette.[27]

Vitamin B6 als Alternative zu Ritalin

Vitamin B6 in Kombination mit Magnesium – zur besseren Aufnahme – scheint laut Forschungsergebnissen einen günstigen Einfluss auf Menschen mit einer autistischen Störung zu haben. Auf die Frage, ob diese B6-Behandlung auch für Kinder mit ADHS geeignet sei, lautete die Antwort: „Eine sorgfältige Begleitstudie von Dr. Mary Coleman und ihren Mitarbeitern, die 1979 im Magazin „Biological Psychiatry" („Biologische Psychiatrie") veröffentlicht wurde, ergab, dass beim Vergleich einer hohen Dosis Vitamin B6 mit Ritalin oder einem Placebo das B6 genauso effektiv war wie Ritalin, dabei aber eine länger anhaltende Wirkung zeigte. Natürlich ist Vitamin B6 auch weniger schädlich und kostengünstiger als Ritalin. Niemand hat sich die Mühe gemacht, diese Untersuchung in den folgenden Jahren zu wiederholen. Klar ist, dass Ritalin gewinnträchtiger ist, warum sollte man dann Gegenargumente suchen?"[28]

Wenn ich ein Kind hätte, das die Anzeichen von ADS oder ADHS aufweist, würde ich einen Homöopathen oder Heilpraktiker aufsuchen und ihn fragen, ob Vitamin B6 nicht der täglichen Nahrung beigefügt werden sollte.

Verhaltenstherapie

Natürlich gibt es auch verschiedene Formen von Verhaltenstherapie. Manche Menschen empfehlen auch eine Behandlung wie „Neurofeedback". Es werden auch Methoden wie Kinesiologie, Bioresonanztherapie und Radionik genannt.[29]

Ginkgo Biloba und Ginseng

Auf www.psycholoog.net – unter der Rubrik „ADHS" vom 15. März 2006 – berichtet Frank Ruiters von einer Aufklärungsstudie über die Wirkung einer Kombination zweier Kräuter: Ginkgo Biloba und Ginseng.[30] Diese Kombination soll angeblich Kindern mit ADHS helfen, die Symptome zu lindern. Es wurde eine kleine Gruppe von

Kindern untersucht: Sechsunddreißig Kinder mit ADHS im Alter von drei bis siebzehn Jahren erhielten vier Wochen lang zweimal täglich eine Kombination von 50 mg Ginkgo Biloba und 200 mg Ginseng auf nüchternen Magen. Der positive Einfluss von Ginkgo auf die Gehirnfunktion war ja schon in den verschiedensten Forschungsarbeiten erwiesen worden, wobei es freilich um ältere Menschen ging. Nach vier Wochen war eine große Verbesserung festzustellen. Bei 44% waren soziale Probleme drastisch zurückgegangen, und bei der Mehrheit (74%) war ein vermindertes hyperaktives Verhalten festzustellen. Bei zwei von den sechsunddreißig Kindern hatte die Behandlung eine nachteilige Wirkung. Nun ist eine Folgestudie in größerem Umfang geplant.

Überlegen Sie gut, welche Art von Bildung Sie Ihrem Kind angedeihen lassen möchten

Den meisten Kindern, die den Stempel ADHS aufgedrückt bekommen haben, ist mit einer anderen Bildung gedient, bei der nicht ihre (Lern-) Leistung im Mittelpunkt steht, sondern ihre Entwicklung zu einem glücklichen, selbstständigen Menschen. Um es kurz zu fassen: Insbesondere Freie Schulen und Montessori-Schulen gehen von diesem Prinzip aus und sind oft heilsam für das ADHS-Kind. Ein Beispiel zur Illustration: Die Freie Schule in Geel/Belgien (als „Freie Schulen" werden in Belgien meist die Rudolf-Steiner-Schulen bezeichnet) geht von folgendem Prinzip aus:

„Der Bildungsauftrag besteht darin, an der Entwicklung der gesamten Persönlichkeit des Kindes zu arbeiten. Wir finden, dass eine Schule nicht vor allem dazu dienen muss, Kinder so umzuformen, dass sie nahtlos in die bestehende Gesellschaft passen. Die Frage, die wir uns stellen, lautet vielmehr: „Wie können sich diese Kinder so entfalten, dass sie als freie, selbstbewusste Menschen imstande sein werden, aus sich selbst heraus unsere Gesellschaft mit etwas Neuem, Erfrischendem zu bereichern?

Bildung bedeutet in der heutigen Gesellschaft immer mehr auch 'Erziehung'. Das bedeutet, dass es ermöglicht werden muss, dass

sich die Fähigkeiten, die in jedem Kind schlummern, optimal ent-
falten können und Hindernisse in der Entwicklung überwunden
werden. "[31]

Überlegen Sie gut, welche Erziehung Sie Ihrem Kind angedeihen lassen möchten

Neben der Bildung ist es auch wichtig, über die Form der Erziehung nachzudenken, die man bietet.

Vielleicht können folgende Regeln dabei hilfreich sein:

1. Sprechen Sie so, dass Ihr Kind Sie wahrhaftig lieben kann.
2. Handeln Sie so, dass Ihr Kind Sie wahrhaftig lieben kann.
3. Sagen Sie kein einziges Wort, das dem Band mit Ihrem Kind schadet.
4. Beten Sie jeden Tag dafür, dass Sie Ihr Kind so begleiten können, dass es zu einem ausgeglichenen Menschen heranwächst.
5. Seien Sie kreativ, spielerisch und unbefangen.
6. Seien Sie sich bewusst, dass es im Leben nicht um Leistung geht, sondern darum, wer wir sind.
7. Nehmen Sie sich jeden Tag die Zeit, mit Ihrem Kind zu spielen, zu kuscheln und zu sprechen.
8. Seien Sie Ihrem Kind vertrauenswürdige Eltern.
9. Seien Sie bereit, sich selbst kritisch zu betrachten: Wofür hält Ihnen Ihr Kind den Spiegel vor?
10. Füllen Sie Ihr Herz jeden Morgen vor dem Aufstehen mit Liebe.
11. Lieben Sie Ihr Kind so, wie es ist, und erlauben Sie ihm, dass es so sein darf, wie es ist.
12. Gönnen Sie Ihrem Kind sein Leben, seine eigene Wahl, seinen eigenen Weg.

ADHS-Kinder sind tolle, inspirierende Kinder, kreativ, energiegeladen und ausgelassen. Sie haben ein großes Bedürfnis nach einem interessanten, inspirierenden Umfeld. Doch leider werden sie oft als

Fall für die Psychiatrie abgestempelt – ein Label, mit dem sie ein Leben lang gebrandmarkt sind … Wir sollten aufhören, das Problem ihnen in die Schuhe zu schieben, und den Mut aufbringen, all dem ins Auge zu blicken, was in unserer Gesellschaft nicht stimmt ,sowie überlegen, was wir selbst daran ändern können. Die *Kinder der Neuen Zeit* selbst sind es, die uns dazu herausfordern und uns vor Augen halten, auf welchen Gebieten Veränderungen nötig sind!

7.

Über die Risiken von Ritalin, und warum es nötig geworden ist ...

Ritalin – eine Droge?

Aufgrund seiner großen Bedeutung möchte ich in diesem Kapitel aufbauend auf meine Ausführungen, die ich darüber bereits in Kapitel 5 dargelegt habe, näher auf Ritalin eingehen. Wir haben ja bereits festgestellt, dass im Jahr 2007 624.000 Rezepte für dieses Mittel ausgestellt wurden – und noch immer steigt der Konsum stetig. Es erscheint mir sinnvoll, dazu einige Anmerkungen zu machen und daraufhin die Frage in den Raum zu stellen, warum Ritalin eigentlich nötig geworden ist.

Über Ritalin selbst können wir folgende Aussagen treffen:
1. Ritalin gehört zu den Betäubungsmitteln und fällt unter die Psychostimulanzien. Es ist eine Art Amphetamin. Es besteht aus Methylphenidat, und dieses fällt als Wekamin unter das Betäubungsmittelgesetz. Das ist also die erste Feststellung: Wir verabreichen unseren Kindern eine Pille, die unter die Betäubungsmittel fällt und ein Aufputschmittel ist, vergleichbar mit Amphetamin und Kokain. In der Zeitung „Trouw" hieß es dazu: „Medikamente wie Ritalin (…) sind stimulierende Mittel, die genauso aufs Gehirn einwirken wie Amphetamin und Kokain."[32] Verrückterweise steht jeder alarmiert auf den Hinterbeinen, sobald das Wort „Kokain" fällt, während hingegen jeder so tut, als sei es ganz normal, dass Tausende

und Abertausende von Jugendlichen ein verwandtes Mittel wie Ritalin verschrieben bekommen!

2. Fernand Haesbrouck, ein Apotheker, berichtet in seinem Buch „ADHS-Medikamente, medizinische Megasünde", dass der aktive Stoff bei Ritalin ein Kokainprodukt ist, dessen Amphetaminwirkung Psychosen hervorruft. Die Tatsache, dass die Kinder dauerhaft und mit Gewalt in eine chronische Psychose gedrückt werden, hat in vielen Fällen zur Folge, dass die Kinder zum Ausgleich mit Antipsychotika (Neuroleptika) behandelt oder sogar in die Psychiatrie aufgenommen werden müssen. Sein kritisches Buch ist mit Undank aufgenommen worden: Er wurde und wird auf verschiedene Weise eingeschüchtert. Er wurde in Belgien auch von der Ärztekammer, die diese Offenheit und Direktheit von Haesbrouck nicht recht vertragen konnte und kann, vor den Richter zitiert ...[33]

3. Ritalin wird mehr und mehr als Droge eingesetzt. In der Presse ist auch schon entsprechend davon die Rede: „Ritalin, die neue Jugenddroge". Die Tabletten werden aufgespart. Um sie als Droge einzusetzen, werden gleich einige hintereinander geschluckt. Andere pulverisieren die Tabletten und schnupfen sie. Daher kann man in der Presse auch lesen: „Das Kinderdämpfungsmittel Ritalin ist als Droge im Kommen."[34] Der Kinderpsychiater Ward van Alphen schreibt, dass Ritalin auch einen Kick auslösen kann, einschließlich erhöhtem Herzschlag, Agitation usw. Also kann Ritalin als Droge missbraucht werden.[35] Manche stellen daher auch fest, dass Ritalin aufgrund dieses zunehmenden Missbrauchs schlichtweg eine harte Droge ist.[36]

4. Die Europäische Kommission hat eine Studie zu den Risiken von Herz- und Kreislaufkrankheiten sowie Gehirnschlag in Auftrag gegeben, die möglicherweise durch Ritalin ausgelöst werden. Wenn die Europäische Kommission eine derartige Studie anstrengt, muss wohl wirklich etwas dran sein.

5. In Amerika benutzen inzwischen mehr als zwei Millionen amerikanische Kinder Ritalin. Laut Experten wird Ritalin in

der Tat an amerikanischen Schulen mehr und mehr als Droge missbraucht.[37] Jede Menge Kinder werden an Schulen von Mitschülern gezwungen, ihre Pillen zu verkaufen. In Utah entlarvte die Polizei unlängst den Direktor einer Schule, der mit Ritalin gehandelt hatte. Er tauschte die Pillen, die die Schulkinder hätten schlucken sollen, gegen ein Ritalin-Placebo aus und verkaufte sie daraufhin auf dem Schwarzmarkt. Es heißt auch, dass zwei Schüler aus Chicago, die Ritalin verschrieben bekommen hatten, an eine andere Schule übersiedeln mussten, weil sie von ihren Mitschülern unter Druck gesetzt wurden, ihre Pillen abzutreten.[38] Dies sind nur zwei von vielen, vielen Beispielen, die man zum zunehmenden Missbrauch von Ritalin in Amerika anführen kann.

6. In den Niederlanden droht uns bald eine ähnliche Entwicklung. Im Jahr 2006 schluckte ein Schüler an der „OSG Montessorischule" in Hengelo Ritalin und wurde bewusstlos. Er musste drei Tage lang im Krankenhaus behandelt werden. Die Tabletten stammten von einem Mitschüler. Die Polizei von Twente meldet, dass Ritalin eine neue Droge ist, die geschluckt und geschnupft und auch als Modedroge im Nachtleben konsumiert wird. Die Polizei weist daher Jugendliche mit Nachdruck auf die Risiken des Missbrauchs hin.[39]
Im Internet kursieren viele weitere Beispiele für Missbrauch. So berichtet ein Jugendlicher, dass einer seiner Freunde sechs Tabletten Ritalin als Droge eingenommen hatte und als Folge davon drei Tage im Krankenhaus lag.

7. Warum verordnen wir unseren Kindern eigentlich Ritalin? Trudy Dehue, Professorin für Theorie und Geschichte der Psychiatrie in Groningen, sagt, dass die Menschen in einer Gesellschaft, in der die Leistungsanforderungen immer größer werden, nur das Beste für ihr Kind wollen. Kinder müssen ja in den meisten westlichen Gesellschaften, so wie Erwachsene auch, bereits von ganz jungen Jahren an etwas leisten. Wenn Sie als Eltern nicht alles daransetzen, stürzt das Kind ab – und Sie mit ihm.[40]

Mit dem Helikopter zum Gipfel, anstatt den Berg selbst zu stürmen ...

Warum entscheiden wir uns eigentlich für ein solch gefährliches Mittel wie Ritalin, und warum wird auf die möglichen Alternativen, die ich im vorigen Kapitel beschrieben habe, so wenig Augenmerk gelegt? Das hat meines Erachtens in jedem Fall auch etwas mit Bequemlichkeit und mangelndem Wissen zu tun. Eine kleine Pille wirkt schnell, ist bequem und Sie brauchen als Eltern nicht weiter darüber nachzudenken, während Sie bei den Alternativen viel mehr aktiv werden, viel mehr Geduld aufbringen und sich auch mit sich selbst auseinandersetzen müssen. Ihre Unruhe wirkt ja auf die Unruhe des Kindes noch verstärkend, wie wir weiter oben bereits festgestellt haben. Bitte verstehen Sie mich richtig: Dies ist kein Vorwurf an die Eltern. Sie wissen ja meist kaum etwas über die möglichen Alternativen und bekommen in vielen Fällen nur wenig oder gar nichts darüber gesagt. Letzteres wiederum ist die Folge der ganzen Stimmung, die in unserer Gesellschaft herrscht – sie ist auf schnelle und bequeme Lösungen gepolt. Drogen und die Erfahrungen, die Drogen mit sich bringen, kann man mit einem Helikopter vergleichen, den man anheuert, um sich auf einem der höchsten Berggipfel der Erde absetzen zu lassen. Sie kommen schnell hin, müssen sich nicht anstrengen und können dennoch die herrliche Aussicht ganz oben genießen. Man könnte Ritalin mit diesem Helikopter vergleichen: Es ist eine einfache Lösung für ein Problem, mit dem man sich sonst viel intensiver befassen müsste. „Aber", sagte eine Mutter, die ihrem Kind auf ärztlichen Rat hin jahrelang Ritalin gegeben, jedoch damit aufgehört hatte, als sie sich der vielen negativen Folgen von Ritalin bewusst wurde und es einmal an sich selbst ausprobierte, „man bringt dem Kind keine Selbstbeherrschung bei, indem man ihm ein Betäubungsmittel gibt ..." Es lernt so nämlich nicht, mit sich selbst zu leben. Es lernt auch nicht, die eigenen Impulse unter Kontrolle zu bekommen, sondern überlässt diese wichtigen geistigen Hausaufgaben lieber einer kleinen Pille ...

Zurück zum Bild vom Berg und der Frage, wie man diesen Berggipfel denn erreichen kann. Wenn man nicht den Helikopter nimmt, sondern den Berg Schritt für Schritt emporsteigt, entscheidet man sich für einen Weg zum Gipfel, der mit Risiken, mit schweren Anstrengungen, mit Gewichtsverlust und sorgfältiger Planung gepflastert ist, wie man den Gipfel am besten erreichen kann. Man könnte diese Art von Bergsteigen mit den Alternativtherapien vergleichen. Sie kosten einiges mehr an Energie, man muss mehr Zeit und Geld dafür opfern, man zweifelt daran, ob es denn wohl wirklich funktionieren und gelingen wird und so weiter.

Doch der Bergsteiger, der den Gipfel erreicht, hat auf diesem mühsamen Weg zum Gipfel für sein gesamtes weiteres Leben etwas ganz Besonderes erobert: Durchsetzungsvermögen, die tiefe Freude, dass er es geschafft hat, und daher ein größeres Selbstvertrauen. Der Bergsteiger steht hinterher anders, stärker im Leben und ist fester in sich selbst verwurzelt als vorher. Ein Sturm im Leben wird ihn nicht mehr so schnell „umwehen" wie vor dieser Zeit. Er hat seine eigenen Kräfte entwickelt und es gelernt, darauf zu vertrauen. Wohingegen derjenige, der sich mit dem Helikopter auf dem Gipfel absetzen ließ, nichts gelernt hat. Der Betreffende stellt sich nun die Frage, woher er sich mit möglichst wenig Einsatz den nächsten Kick holen könnte. Die Frage an die Eltern, die darüber nachdenken müssen, ob sie für ihr Kind den Weg mit Ritalin oder den Weg (einer) der vielen Alternativen wählen sollen, ist in vielen Fällen – aber nicht in allen! – deckungsgleich mit der Frage, ob sie den Mut haben, den Berg zu erklimmen anstatt sich mit dem Helikopter auf dem Berggipfel absetzen zu lassen. Ich möchte gern alle Eltern dazu aufrufen, diese Frage sorgfältig zu überdenken – auch im Lichte des oben Gesagten.

Verstehen Sie mich bitte richtig: Ich erteile hier keinerlei Ratschläge. Jede Situation ist anders, und alle Eltern sollten selbst eine bewusste Entscheidung treffen dürfen. Ich kenne Situationen, in welchen ich sehr gut verstehen kann, warum diese Eltern sich für Ritalin und nicht für eine Alternative entschieden haben. Ich erteile deshalb keinen klugen Rat. Ich möchte nur gern den Automatismus durchbrechen, dass ADHS immer gleich an Ritalin gekoppelt wird. Es gibt ja Alternativen, die in jedem Falle eine Überlegung wert sind.

Ritalin, weil wir vergessen haben,
wie die Entwicklung eines Kindes verläuft ...

Eine wichtige Frage ist natürlich die, warum Ritalin nötig geworden ist. Warum haben wir für dieses zunehmende Problem mit Jugendlichen, die übersensibel und überaktiv sind und ihre Aufmerksamkeit nur schwer bei den Dingen lassen können, keine andere Lösung gefunden?

Ich denke, dass dies unter anderem mit von der Tatsache herrührt, dass wir gegenwärtig kein richtiges Wissen über den Entwicklungsweg eines Kindes haben. Es war insbesondere Bernard Lievegoed, der in den Niederlanden die Aufmerksamkeit auf die Entwicklungsphasen und -prozesse des Menschen gelenkt hatte. Er war Begründer der Kinder- und Jugendpsychologie und schrieb wichtige Bücher, wie etwa „Entwicklungsphasen des Kindes".[41]

Er beschreibt die Entwicklung des Kindes bis hin zum Erwachsenen um das 21. Lebensjahr herum in drei großen Phasen von je ungefähr sieben Jahren.[42]

1. Die erste Phase ist die der Baby-und Kleinkindzeit.
    ✪ Während dieser Periode – bis zum sechsten oder siebten Lebensjahr, etwa bis zum Zahnwechsel – ist das Kind offen für alle Eindrücke und lernt ständig, und zwar „nur", indem es sein Umfeld nachahmt. *Es stellt sich folglich die Frage, ob wir als Erzieher oder Lehrer aufgrund unserer Lebenseinstellung und unseres Charakters – und somit nicht im Hinblick auf unser Wissen – für unser Kind ein gutes Vorbild sind?*
    ✪ In dieser ersten Lebensphase können wir dem Kind ein Gefühl der Sicherheit, des Vertrauens und der Geborgenheit mitgeben, und ihm damit folglich das Gefühl schenken, in dieser Welt willkommen zu sein. *Sind wir für das Kind tatsächlich so ein herzerwärmendes Vorbild, dass es von uns wirklich das Gefühl vermittelt bekommt, willkommen zu sein?*

✪ Dabei braucht das Kind in diesen Jahren seine Kräfte vor allem, um seinen Körper aufzubauen. Es ist eigentlich unvorstellbar, wie viel Wuchskraft der Körper in diesen Jahren entfaltet! In kurzer Zeit lernt das Kind, zu krabbeln, aufrecht zu stehen, zu laufen und zu sprechen. Dies ist eine unvorstellbar große Aufgabe, die das Kind im Zeitraum von einigen wenigen Jahren bewältigt. Es ist wichtig, dem Kind die Gelegenheit zu geben, diese Aufgabe in aller Ruhe zu erfüllen, und ihm nicht nebenbei schon andere Aufgaben aufzuerlegen, wie beispielsweise ihm das Lesen beizubringen. Das ist einfach zu viel und lenkt die Aufmerksamkeit von der eigentlichen Aufgabe weg, die das Kind in der heutigen Zeit zu erfüllen hat. Zu viele „Nebenbeschäftigungen" führen dazu, dass das Kind seine eigentliche Hauptaufgabe unzulänglich erfüllt, nicht voll und ganz damit eins und somit auch nicht vollständig mit seinem physischen Körper vertraut wird.

2. Die Phase des zweiten Jahrsiebts beginnt mit dem Zahnwechsel. Ab diesem Zeitpunkt beginnt der Ätherleib, in den physischen Körper einzuziehen, und das Kind macht sich die Lebenskräfte dieses Körpers zu eigen.

✪ In dieser Phase (vom siebten bis zum vierzehnten Lebensjahr) wendet sich das Kind nach innen, um dort die drei großen Seelenkräfte zu entdecken, die in seinem Inneren erwachen: Die Kräfte des Fühlens, des Wollens und des Denkens.

✪ Das Kind wird sich dieser Kräfte bewusst und macht sie sich mit Hilfe seiner Fantasie auf spielerische Weise zu eigen. Dadurch beginnt das Kind nun, in seiner eigenen (märchenhaften) Innenwelt zu leben – in einer Welt, in der alles möglich ist, was das Kind in der Realität noch nicht wahrmachen kann.

✪ Für diese zweite Lebensphase ist die Rolle der Fantasie also entscheidend. Eben diese kreative Kraft verbindet das Kind mit seinem Gefühl, mit seiner Willenskraft und mit seiner Denkkraft.[43] Lievegoed erklärt: „Diese kindliche Fantasie legt den Grundstein für die Kreativität im sozialen Leben und im späteren Beruf. Wer in dieser Phase nicht Dinge in der Fantasie ausmalen und sich Tagträumen hingeben konnte, dem fehlt es später an Spontaneität und Vielseitigkeit im zwischenmenschlichen Bereich. Eine rein intellektuelle Bildung tötet die Fantasie und zieht später einsame Menschen heran, die es fortwährend erleben, dass sie keine Kontakte aufbauen können."[44]

☼ In meinem früheren Beruf als Radiopfarrer war Einsamkeit das Problem, das man mir am häufigsten nannte. Jeden Tag wurde ich, besonders von älteren Menschen, angerufen, die über die beklemmende Einsamkeit klagten, die sie durchlitten. Ich finde es beeindruckend, dass Lievegoed diese Entwicklung (nämlich eines zunehmenden Gefühls der Einsamkeit) schon so früh wahrgenommen und uns aufgefordert hat, auf die Erziehung und Bildung zu achten, die wir unseren Kindern angedeihen lassen. Sind in der zweiten Lebensphase des Kindes ausreichend Möglichkeiten zur Entfaltung seiner Fantasie und Kreativität, für Kunst, das Arbeiten mit Farben und das Rhythmusgefühl geboten? *Erfassen wir die Tragweite einer solchen Bildung und Erziehung*, oder wird das Kind vorzeitig in eine rein intellektuell ausgerichtete Entwicklung mit all ihren Folgen gedrängt?

Gerade sensible Kinder – und das sind die *Kinder der Neuen Zeit* nun einmal – profitieren sehr von einer künstlerischen Ausbildung und einer kreativen Erziehung, die diese Erkenntnisse berücksichtigt. Das Arbeiten mit Farben, Theaterspiel, Sinnsprüche (vor-)lesen und Musik machen sind in dieser Phase essenziell – der Lehrer ist in diesem Fall dann auch eher Künstler als Dozent. Wenn Kinder jedoch eine Bildung erhalten, die nicht auf diesen Erkenntnissen basiert, können sie ihre inneren Kräfte – oder „Seelenkräfte" – nur unvollständig entfalten und harmonisieren. Dies wiederum führt zu einer wachsenden inneren Unruhe, und demzufolge zu Konzentrationsmangel und Hyperaktivität.

Ritalin ist also die Antwort einer Gesellschaft, die kein wirkliches Wissen mehr vom Entwicklungsweg eines Kindes hat und diesen daher auch überhaupt nicht berücksichtigt!

Eine Mutter von drei Kindern, die diese an die „Freie Schule" gegeben hatte, berichtete, dass alle drei ihrer Kinder ihr später erzählten, dass sie an der Schule niemals Lesen gelernt hatten, sondern es plötzlich „einfach so" konnten. Dabei muss man wissen, dass Kinder an der Freien Schule später lesen lernen als an (den meisten) anderen Schulen. Man folgt dem eigenen Tempo des Kindes. Ihm wird zunächst eine spielerische, kreative Grundhaltung beigebracht, die es möglich macht, dass das Kind eines Tages scheinbar „aus dem Nichts" lesen kann. Wenn man den persönlichen Entwicklungsweg des Kindes berücksichtigt, geschieht es also, dass man als Kind eines Tages „einfach so" lesen kann!

Lesen zu können, ist somit ein Geschenk der eigenen Entwicklung und muss nicht mühsam und schmerzhaft erlernt werden.

3. Die dritte Phase, die der Pubertät und und des Eintritts ins Erwachsenenalter, die mit dem vierzehnten Lebensjahr beginnt, bringt den großen Durchbruch in die Realität. Nun verankert sich der Astralleib im physischen Leib und im Ätherleib, und es erwachen die Triebe und Emotionen, deren Träger der Astralleib ist. Die schützende Innenwelt (märchenhaft, spielerisch, liebevoll) wird durchbrochen, und der Jugendliche wird mit der oft so unfreundlichen Außenwelt konfrontiert. Nun drängen die Gefühle nach oben, die man in der Pubertät hat: Einsamkeit, das Gefühl, von niemandem verstanden zu werden, oder das Bedürfnis nach einem Erwachsenen, der ein gutes Vorbild ist. Jetzt beginnt das Kind, sich einen eigenen Platz in dieser Welt zu suchen und als selbstständiger Mensch zu fühlen, der immer wieder hinfällt und erneut aufsteht. In

der heutigen Zeit, in der an die Jugendlichen so hohe Anforderungen gestellt werden – man denke nur an die Diplome, die man erlangen muss, weil man anders in dieser Welt nicht mehr weiterkommt – sind Drogen in dieser Phase eine „tolle" Möglichkeit zu entfliehen. Warum sollte man nicht ab und zu vor der Wirklichkeit abtauchen, die oft so fordernd, unfreundlich und bedrohlich ist? Und Ritalin ist eine solche Droge ... Doch Drogen unterdrücken in dieser Phase das aufkeimende Ich und das Gefühl der zunehmenden Selbstständigkeit und verleiten den jungen Menschen zu einem Fluchtweg, auf dem man die Herausforderungen des Alltagslebens eben nicht mehr so stark spürt. Oft ist der Jugendliche dieser Herausforderung auch nicht richtig gewachsen, weil er die vorangegangene Entwicklung, wie oben beschrieben, nicht gut durchlaufen hat, weil es einfach kein Verständnis gab, keine passende Bildung oder auch nicht wirklich das Gefühl der Sicherheit im häuslichen Umfeld.

Wenn wir den Entwicklungsweg des Kindes betrachten, wie Lievegoed diesen beschreibt, und ihn mit dem heutigen Bildungs- und Erziehungssystem vergleichen, können wir nachfühlen und verstehen, warum sich so viele Kinder in unserer Zeit unglücklich fühlen, sich in Drogen oder in rohe Aggression flüchten und alle möglichen Wege suchen, um dem Gefühl der Sinnlosigkeit zu entfliehen.

Übrigens habe ich großen Respekt vor den vielen Lehrern, die sich der Tatsache bewusst sind, dass das aktuelle Bildungssystem für die heutige Jugend unzureichend ist und diese darunter leidet, die sich aber dennoch mit Herz und Seele für die Jugendlichen einsetzen. Ich habe inzwischen viel mit Lehrern gesprochen, die mit der Tatsache kämpfen, dass das aktuelle Bildungssystem nicht darauf eingeht, was Kinder heute brauchen. Nicht nur die Not unter der Jugend ist groß, auch die unter den Lehrern, die das Gefühl haben, dass man auf ihre Erkenntnisse und Gefühle nicht oder nur selten hört ...[45]

Ich vermute, dass die Zeit gekommen ist, um wirklich fundamental und tiefgehend über die Prinzipien des heutigen Bildungssystem nachzudenken: Die immer weiter wachsende Zahl der Schüler, die Probleme haben, verlangt es, dass wir uns besinnen und nachdenken! Um die Antwort auf die Frage nach dem „Warum" von Ritalin zu finden, führt kein Weg an dieser Neubesinnung vorbei!

Drogen und die Entwicklung des Ätherleibs, des Astralleibs und des aufkeimenden Ichs

Ritalin wirkt, wie wir bereits weiter oben gesehen haben, wie eine Droge, auch wenn es in geringen Dosen verabreicht wird. Drogen haben nun einmal eine direkte Wirkung auf die verschiedenen Körper eines Kindes:

✧ Drogen wirken lösend. Sie lösen den Ätherleib vom Körper. Nun haben wir festgestellt, dass sich der Ätherleib in der zweiten Lebensphase des Kindes allmählich immer fester mit dem physischen Leib verbindet. Dieser Prozess muss erst vollzogen werden, bevor das Kind in die folgende Phase richtig eintreten kann. Doch durch den Konsum von Drogen – und den lösenden Effekt, den die Drogen auf den Ätherleib haben – kann ein Kind diese Aufgabe nicht hinreichend erfüllen. Das Kind wird daher sein ganzes Leben lang eine Überempfindlichkeit behalten, die niemals mehr ganz überwunden werden kann.

✧ Drogen wirken natürlich auch in der dritten Lebensphase stark auf das Kind bzw. den Jugendlichen ein. In dieser Phase muss das Kind mit den eigenen Emotionen und Trieben ins Reine kommen. Drogen behindern diesen Prozess: Der Jugendliche flüchtet in eine Scheinwelt, flieht vor der Aufgabe, sich der eigenen Emotionen und Triebe bewusst zu werden und zu lernen, damit umzugehen. Auch hier gilt, dass der Astralleib sich durch den Drogenkonsum nicht richtig im physischen Körper und im Ätherleib verankert. Das wiederum hat zur Folge, dass das Kind ein Leben lang emotional unausgeglichen bleibt und sich regelmäßig von den eigenen Emotionen und Trieben mitreißen lässt.

✿ Mit alledem stehen Drogen der Geburt eines selbstständigen Menschen, der sich im Gleichgewicht befindet, im Weg. Die gesamte Entwicklung vom Kind hin zum Erwachsenen ist ja auf die Geburt eines Menschen ausgerichtet, der imstande ist, seinem eigenem Leben selbstständig Form zu geben. Eines Menschen, der nicht nur das Produkt seiner Genetik, seines Umfeldes und/oder gesellschaftlicher Einflüsse ist. Die Geburt als ein ausgeglichener, selbstständiger Mensch erleidet also einen irreparablen Schaden, wenn man Drogen und anderen, drogenverwandten Mitteln die Chance bietet, diesen Entwicklungsprozess zu stören.[46]

Wird es nicht Zeit, den Einsatz von Ritalin auch unter diesem Blickwinkel näher zu beleuchten?

8.

Die Vorboten eines neuen Zeitalters

Die Kinder der Neuen Zeit als Störsender

Allmählich beginnen immer mehr Menschen zu begreifen, dass wir in einer besonderen Zeit leben – in einer Übergangszeit, in einer Zeit, die vor vielen Jahrhunderten schon in verschiedenen Traditionen als äußerst entscheidende Zeit bezeichnet wurde. Rudolf Steiner nennt das Jahr 1899 als das Jahr, in dem das „Kali Yuga" oder „Eiserne Zeitalter" zu Ende geht und ein neues, besonderes Zeitalter beginnt. Die Mayas nannten die Jahreszahl 2012 als das Jahr des großen Übergangs. Andere Kulturen und/oder Religionen führen wieder andere Jahreszahlen an. So finden wir beispielsweise in der indischen Tradition die Jahreszahl 2443 als Antwort auf die Frage, wann der große Übergang denn vollzogen sein wird: In dem Jahr, so heißt es, bricht das neue „Goldene Zeitalter" an.

Die Angaben der Jahreszahlen weichen also um einiges voneinander ab. Doch alle diese Daten haben eines gemeinsam: Sie bezeichnen die Zeit, in der wir gerade leben, als die Zeit eines wirklich entscheidenden Übergangs, wie dieser sich nicht oft und wahrscheinlich sogar niemals zuvor so auf Erden ereignet hat. In dem Buch „Zeitenwandel", das ich gemeinsam mit Margarete van den Brink geschrieben habe, haben wir alle diese Daten aneinandergereiht, um etwas mehr Klarheit darüber zu erhalten, worum es denn in dieser Übergangszeit eigentlich geht.[47]

Es scheint, als sei die Essenz dieses Übergangs die Geburt des *Höheren Selbst* – ein Begriff, der in anderen Traditionen natürlich anders bezeichnet wird, wie beispielsweise „das Selbst", „der Geist", „der innere Christus" oder „die Buddha-Natur". Es geht in unserer Zeit darum, so lehren es uns die verschiedenen Traditionen, zu lernen, aus unserem Ego auszusteigen und uns dieser höheren, umfassenderen, göttlichen Kraft bewusst zu werden, die in jedem von uns lebendig ist. Einerseits befreien wir uns durch diesen Prozess von vielen Bevormundungen in jeglicher Hinsicht, andererseits dürfen wir tief in unserem Inneren, in uns selbst, einen Quell der Inspiration, der Geisteskraft und der Liebe entdecken. Wir werden uns folglich von egoistischen Menschen, die vor allem auf ihren eigenen Vorteil bedacht sind, in Menschen verwandeln dürfen, die künftig immer mehr in einer Atmosphäre des Respekts, der Ehrfurcht, des Staunens und der wahrhaftigen Liebe leben werden. Eine solche Wandlung ist in der Tat auch wirklich eine neue Geburt! Eine Geburt übrigens, die wir als einen langwierigen Prozess betrachten sollten, den man mit Sicherheit nicht auf ein Jahr, beispielsweise 2012, festsetzen kann. Die große Geburt – das ist der Übergang, der schon lange eingesetzt hat und noch jahrelang, ja wahrscheinlich sogar jahrhundertelang, unsere Aufmerksamkeit fordern wird. Es ist, wie ich annehme, ganz klar, dass eine solche Geburt nur gegen viel Widerstand von unserem Ego durchgesetzt werden kann – ein Widerstand, den wir als Geburtswehen betrachten könnten. Jede Geburt wird ja von Geburtswehen begleitet. Andere weisen in diesem Zusammenhang auf die Tatsache hin, dass wir in unseren Tagen einen Übergang vom Fische-Zeitalter ins Wassermann-Zeitalter durchleben. Wir gehen also von einem Sternzeichen ins nächste über. Ein derartiger Übergang bedeutet immer einen tiefgreifenden Wechsel von Energien sowie Inspirationen. Nun dauert der Durchlauf der Erde durch ein Sternzeichen ungefähr 2.160 Jahre. Der Durchlauf durch alle zwölf Sternzeichen dauert folglich 12 x 2.160 Jahre = 25.920 Jahre. Ein solcher Zeitraum wird als „Platonisches Jahr" bezeichnet. Die Zeitspanne, die der Durchlauf durch ein Sternzeichen umfasst, also 2.160 Jahre, wird „Platonischer Monat" genannt. Im jetzigen Moment stecken wir, wie gesagt, mitten im Übergang vom Fische-Zeichen in den Wassermann. Das bedeutet, dass die Energien, die Lebensformen, die Denkmuster und Auffassungen, die zur Fische-Energie gehören, ihren Platz für die neuen Ideen, Erkenntnisse und die Lebenseinstellung räumen müssen, die zum Wassermann gehören – und die *Kinder der Neuen Zeit* sind gekommen, um uns diese neuen Ideen, Erkenntnisse und diese Lebenshaltung mitzubringen. Man könnte sie mit Eisbrechern vergleichen, die kommen, um die gefrorene See an festen Meinungen, Überzeugungen und Ideen aus dem Geist des Wassermann-Zeitalters aufzubrechen. Daher werden sie häufig auch als Zerstörer alter, erprobter Lebensformen, als Störsender und als Menschen betrachtet, die bestehende Muster durchbrechen. Die Folge davon wiederum ist, dass sie oft als „schwarzes Schaf" betrachtet werden, als Menschen, die anders sind und nicht in die (alten) Formen passen.

Die neuen Werte, die wir von den Kindern der Neuen Zeit erlernen können

Die *Kinder der Neuen Zeit* kommen folglich, um uns andere Werte zu bringen und uns zu helfen, gemäß dieser neuen Wertvorstellungen zu leben – und das ist mit Sicherheit keine geringe Aufgabe. Denn natürlich stoßen sie auf viel Widerstand, wie dies immer der Fall ist, wenn die Energien von zwei Zeitaltern aufeinanderstoßen: Die frische, erneuernde Energie des neuen Zeitalters, das kommt, um die Energie eines alten, sterbenden Zeitalters abzulösen und zu ersetzen. Wenn ich weiter oben die *Kinder der Neuen Zeit* mit Eisbrechern verglichen habe, so tue ich das, um deutlich zu machen, dass sie die altvertrauten Erkenntnisse, Lebenshaltungen usw., die zum alten Fische-Zeitalter gehören, als untauglich und überholt an den Pranger stellen. Dies geschieht beispielsweise durch ihre Misserfolge in der Schule, weil das heutige Schulsystem für sie unpassend ist. Oder wenn sie entlassen werden, weil sie autoritäres Auftreten nicht ertragen und sich folglich widersetzen. Oder indem sie sagen, was sie fühlen, auch wenn das bei anderen vielleicht nicht so gut ankommt. Aufgrund dessen werden sie von den meisten Menschen als Plagegeister empfunden, die nur Unruhe stiften und sich nie dem fügen wollen, was „der normale Mensch" als „normal" empfindet.

Worum geht es bei dieser neuen Energie, diesen neuen Ideen und Werten, die sie mitbringen? Wir haben bereits festgestellt, dass sie überall, wo es möglich ist, bei Gegensätzen eine Brücke schlagen möchten, anstatt diese noch zu verschärfen. Sie möchten auch den heute herrschenden Zynismus oder die Suche nach den Schwachpunkten des anderen durch eine respektvolle Haltung ablösen, die gerade die starken Seiten ihres Gegenübers betonen möchte. Sie wollen auch nach einer Möglichkeit suchen, um dem anderen, der sie verletzt hat, zu vergeben, und nicht auf die Suche nach Möglichkeiten gehen, wie sie es dem anderen heimzahlen und folglich Rache nehmen können. Darüber hinaus lebt in ihnen von Natur aus eine tiefe Bewunderung für die Vielfalt des Menschen. Das Bedürfnis, den anderen wegen seiner Andersartigkeit zu verurteilen, ist ihnen von Natur aus fremd.

Die Kinder der Neuen Zeit kennen keine Schuldgefühle

Doch da ist noch mehr: Die *Kinder der Neuen Zeit* sind anscheinend nicht besonders empfänglich für *Schuldgefühle*. Insbesondere die neueste Generation der *Kinder der Neuen Zeit* scheint in beträchtlichem Maße frei von diesen Schuldgefühlen zu sein. Wo ältere Generationen – beispielsweise auch noch die ersten Generationen der *Kinder der Neuen Zeit*, die inzwischen erwachsen sind – oft unter der Last dieser düsteren Gefühle ganz gebeugt gingen und ein Leben lang darunter gelitten haben, sind diese den *Kindern der Neuen Zeit*, die zurzeit aufwachsen, immer mehr fremd. Ebenso wenig, wie sie dazu neigen, andere zu verurteilen, neigen sie auch dazu, sich selbst zu verurteilen.

An sich ist dies natürlich eine besondere, positive Entwicklung. Die Befreiung von dieser alten Last der Schuldgefühle führt beispielsweise zu einem neuen Selbstbewusstsein in einem Maße, das früheren Generationen fremd war. Das gibt ihnen daher die Möglichkeit, mehr sie selbst zu sein und ehrlich auszusprechen, was sie denken und fühlen, als frühere Generationen. Das führt folglich zu einer größeren Freiheit.

Doch wie jede Entwicklung, wie jeder Schritt nach vorn, hat auch diese neue Lebenshaltung ihre Kehrseite. Frühere Generationen wurden durch ihre Schuldgefühle in gewisser Weise im Zaum gehalten und unterließen daher viele Dinge. Sie hielten sich zurück, weil bestimmte Handlungen, Worte, Taten oder Gebärden lästige Schuldgefühle verursacht hätten. Nicht nur Dinge, die eigentlich gar niemandem schaden hätten können, unterließen sie daher, sondern aufgrund des drohenden Schuldgefühls auch negative Dinge. Das Schuldgefühl bildete also eine Sperre, die sie in vielfacher Hinsicht zurückhielt. Diese Schranke ist bei der neuen Generation gefallen. Folglich werden die *Kinder der Neuen Zeit* nun so viel Selbsterkenntnis gewinnen und über so viel Geisteskraft verfügen müssen, dass sie jetzt von sich aus, aus der Kraft ihres eigenen Gewissens heraus, die Dinge unterlassen, die negativ und verletzend für andere oder schädlich für sie selbst sind.

Wenn man hierüber einmal nachdenkt, wird klar, warum es für die *Kinder der Neuen Zeit* so wichtig ist, mit ihrem Höheren Selbst oder ihrem inneren Christus in Verbindung zu kommen. Darin finden sie ja die lenkende Kraft, die ihnen hilft zu entscheiden, was sie besser schon – oder gerade eben nicht – tun, sagen oder lassen sollten. Jetzt, da die Barriere der Schuldgefühle zu fallen beginnt, brauchen sie auch die Führung durch ihr Höheres Selbst.

Dieser Übergang vom Schuldgefühl in die Kraft des Höheren Selbst ist eine besondere, auffällige Entwicklung – eine Entwicklung, die verdeutlicht, dass im Neuen Zeitalter die Verantwortung immer mehr bei uns selbst liegen wird und wir nicht mehr durch Regeln und Vorschriften von außen oder durch drohende Schuldgefühle von innen in Zaum gehalten werden. Die Folge davon ist, dass Erziehung und Bildung in unserer heutigen Zeit noch wichtiger werden, als sie schon immer waren. Erziehung und Bildung werden vor allem zur Selbsterkenntnis und zur Entfaltung der Geisteskraft beitragen müssen. Das bedeutet, dass die Bildung so gestaltet sein muss, dass die jungen Menschen lernen, wie sie mit ihren eigenen Emotionen, Trieben, Gefühlen und Impulsen umgehen können. Es muss so sein, dass sie lernen, über ihren Emotionen zu stehen, so dass sie selbst entscheiden können, ob sie sich der betreffenden Emotion gerade hingeben möchten oder nicht. Dies alles bedeutet, dass der Schwerpunkt im Bildungssystem – wie wir weiter oben ja auch bereits festgestellt haben – künftig mehr auf der Menschwerdung und weniger auf Prüfungen und Diplomen liegen muss. Prüfungen und Diplome gehören dem alten Zeitalter an, das unwiderruflich vergehen wird. Die Menschwerdung, die Arbeit an der eigenen Persönlichkeit und die Selbsterkenntnis – sie alle sind Themen, die im Neuen Zeitalter von großer, ja von höchst entscheidender Bedeutung sein werden.

Selbstwertschätzung

Im Neuen Zeitalter wird es außerdem allmählich immer selbstverständlicher werden, dass ein Mensch sich auch selbst liebt und schätzt. Im alten, nun ausgehenden Zeitalter ging es vor allem darum, sich selbst zu ignorieren, sich selbst zu verleugnen, um sich so weit wie möglich in den Dienst des anderen zu stellen. „Liebe deinen Nächsten", lehrten die älteren Generationen. Für die *Kinder der Neuen Zeit* wird die Liebe zu sich selbst ebenso selbstverständlich wie die Liebe zum Nächsten: „Liebe deinen Nächsten – wie dich selbst!"[48]

Dabei wird es darum gehen, zwischen diesen beiden Formen der Liebe – der Liebe zu sich selbst und der Nächstenliebe – das richtige Gleichgewicht zu bewahren. Zu viel Nächstenliebe bedeutet, dass man selbst nicht zu seinem Recht kommt, es zu selten wagt, „Nein!" zu sagen und den eigenen Raum einzunehmen. Zu viel Eigenliebe macht uns egoistisch und benachteiligt den anderen. Im neuen Zeitalter wird uns folglich der goldene Mittelweg gelehrt. Gerade dieser goldene Mittelweg scheint der Weg zu sein, den uns nicht nur die esoterische christliche Tradition als den einzig sinnvollen Lebensweg lehrt, sondern der beispielsweise auch in der chinesischen Tradition – in der Konfuzius-Schrift „Maß und Mitte" – gelehrt wird.[49]

Freiheit, die zur Selbstreflexion einlädt

Wir haben bereits festgestellt, dass die Energien der Neuen Zeit zu mehr Freiheit führen. So haben wir beispielsweise soeben gesehen, dass etwa die Befreiung von Schuldgefühlen zu mehr Freiheit führt. Die *Kinder der Neuen Zeit* haben folglich auch ein starkes Bedürfnis nach dieser Freiheit. „Das weiß ich schon selbst!", ist somit nicht umsonst ein beliebtes Motto vieler *Kinder der Neuen Zeit*. Mehr als frühere Generationen möchten sie in aller Freiheit über ihr eigenes Leben entscheiden können. Sowohl die Erziehung als auch die Bildung werden dieses unstillbare Verlangen nach Freiheit ernst nehmen müssen. Eltern und Lehrer werden sich daher bei ihrer Erziehung und Bildung grundlegend dafür entscheiden müssen, dass sie dem Kind dabei helfen, seinen Weg nach seinem eigenen Wissen und Gewissen zu finden. Dann wird es nämlich für ein Kind möglich zu lernen, diese Freiheit auf sinnvolle Weise – und nicht aus banalem Egoismus heraus – zu nutzen.

Diese Freiheit ermöglicht es den Kindern nicht nur, Autoritäten im Äußeren loszulassen und den Weg nach innen, hin zum eigenen Wissen, zu gehen, sie ermöglicht es ihnen auch, ihre eigenen Entscheidungen zu fällen – nachdem sie sich gut informiert haben.

Das Faszinierende daran ist, dass nicht nur die älteren, sondern auch die jüngeren *Kinder der Neuen Zeit* über eine neue Fähigkeit zur Selbstreflexion und Erkenntnis verfügen. Irgendwie besitzen sie ein natürliches psychologisches Wissen, wodurch sie nicht nur einen manchmal verblüffenden Einblick in andere Kinder und Erwachsene bekommen, sondern auch in sich selbst. Ein fünfjähriges Mädchen sagte über den Vater einer Freundin zu ihrer Mutter: „*Ihr Vater ist immer weg. Sie sagen, dass er so hart arbeiten muss, aber ich glaube, dass er nicht gern daheim ist.*" Mit diesen Worten wird die Fähigkeit dieser *Kinder der Neuen Zeit* deutlich, hinter die äußere Wirklichkeit zu blicken und die dahinter liegenden Muster zu ergründen. Diese neue Fähigkeit hilft ihnen auch, Selbsterkenntnis zu erlangen – Selbsterkenntnis, die ihnen für ihr Handeln als Leitfaden dienen kann. „*Ich sage immer ganz schnell, was ich spüre*", sagte ein sechsjähriger Junge, *„aber da muss ich aufpassen, denn nicht jeder schaut gern in den Spiegel."* Mit sechs Jahren, ich bitte Sie!

Ältere *Kinder der Neuen Zeit* besitzen die Fähigkeit, sich ihrer eigenen Gefühle bewusst zu werden und über diese nachzudenken. Sie sehen die verschiedenen Aspekte dieser Gefühle und sind imstande, in ihrem Inneren zu ergründen, wodurch diese Gefühle eigentlich wachgerufen wurden und worauf sie zurückzuführen sind. Wenn sie in ihrem Inneren auf bestimmte Gefühlsreaktionen stoßen, sind sie imstande, aus diesen Gefühlen heraus in ihre Jugend zurückzublicken und sich klar zu werden, dass ganz bestimmte Jugenderfahrungen zu den Gefühlen geführt haben, die sie nun aktuell in sich selbst feststellen. Sie sind auch immer besser imstande, in ihrem Inneren zu untersuchen, ob bestimmte Gefühle vielleicht durch Erfahrungen aus früheren Leben wachgerufen werden – sie werden sich folglich auch karmischer Zusammenhänge in ihrem Leben bewusst.

Doch nicht nur die älteren *Kinder der Neuen Zeit* besitzen diese Fähigkeit. Es scheint, dass darüber insbesondere auch die jüngeren *Kinder der Neuen Zeit* verfügen und diese Fähigkeit in ihnen offenbar sogar noch stärker lebt als in den älteren Generationen. Dabei ist natürlich ganz wichtig, dass sie in einem Umfeld leben, in dem ein solcher (Selbst-) Reflexionsprozess ernst genommen und verstanden wird. Bei der älteren Generation der *Kinder der Neuen Zeit* gibt es viele, die sich in dieser Hinsicht verschlossen und es gelernt haben zu schweigen, weil niemand an ihrem Erleben der Wirklichkeit Interesse aufgebracht und dafür Respekt gezeigt hat. Daher haben sie sich eine innere Welt geschaffen, die sie für sich selbst behielten und nicht mit anderen zu teilen lernten. Es dürfte deutlich geworden sein, dass eine solche Lebenshaltung letztendlich zur Vereinsamung führt.

Wenn man Fühlen und Denken miteinander verbindet, entsteht die Herzenskraft

Da sich nun bei den *Kindern der Neuen Zeit* andere, tiefere Formen der Inspiration zeigen, wird auch klar, warum sie auf eine andere Weise lernen, beziehungsweise warum sie eine andere Lernstruktur haben als frühere Generationen.

Generell kann man sagen, dass bei den *Kindern der Neuen Zeit* die allerersten Energien und die erste spürbare Ausstrahlung des Höheren Selbst zutagetreten. Diese Energien und eben diese Ausstrahlung sind allein auf die stillen Kräfte in ihrem Herzen zurückzuführen. Das Höhere Selbst ist nämlich Liebe, einzig und allein nur Liebe, und eben diese Liebeskraft führt bei den *Kindern der Neuen Zeit* zu einer Aktivierung ihrer Herzenskraft. Das hat in Bezug auf ihre Art zu lernen direkt zur Folge, dass die *Kinder der Neuen Zeit* alles mit ihrem Herzen wissen und verstehen möchten, und nicht (mehr nur) mit dem Kopf.

Wie müssen wir diese Entwicklung verstehen? Und wie entsteht sie? Die Herzenskraft ist eine Kraft, die entsteht, wenn Fühlen und Denken miteinander kombiniert werden, so dass aus dieser Verbindung die Kraft des „spürenden Wissens" geboren wird. Lebten diese beiden Kräfte bei früheren Generationen noch mehr oder weniger losgelöst voneinander – es gab Verstandesmenschen und Gefühlsmenschen – so werden diese beiden Kräfte in Zukunft mehr und mehr miteinander verbunden werden. Auf diese Weise entsteht eine Kraft, die größer ist als die Summe dieser beiden, weil diese Verbindung durch höhere Kräfte aus der Geistigen Welt stärker durchstrahlt wird. „Wo zwei oder drei in meinem Namen beisammen sind, da bin ich mitten unter euch", sagte Jesus Christus.[50] Das gilt auch für die Verbindung zwischen Kopf (Denken) und Bauch (Gefühl). Wenn diese beiden beginnen, sich auf einer Ebene von Respekt und Liebe miteinander zu verbinden, wird eine geheimnisvolle, ja größere Kraft spürbar, die über diese Verbindung einwirkt: Die Kraft des kosmischen Heiligen Geistes der Liebe. Eben diese Kraft formt die Kombination von Fühlen und Wissen auch tatsächlich zu einer Herzenskraft um – zu einer Kraft der wahrhaftigen Liebe.

Diese Entwicklung hat natürlich auch große Folgen für die Art und Weise, wie diese Kinder lernen, sich Dinge anzueignen. Sie bekommen innerlich nämlich nur Zugang zu Berichten, Erkenntnissen und Wissen, wenn diese nicht nur als nackte intellektuelle Tatsache vorgelegt werden, sondern auch von den Kräften des Herzens durchdrungen sind: Staunen, Begeisterung und Liebe. *Kinder der Neuen Zeit* nehmen all das, was ihnen von einer begeisterten, beflügelten Lehrkraft oder solchen Eltern erzählt wird, mit großer Leichtigkeit auf. Wird derselbe Stoff jedoch als abstrakte Tatsache präsentiert, die nun einmal auswendig zu lernen ist, so haben sie die größte Mühe damit, sich dies zu merken. Das gilt auch für Dinge, die auf den ersten Blick absolut abstrakt erscheinen: Das Arbeiten mit Zahlen oder Rechnen. Wenn man beginnt, einem Kind beizubringen, die Welt der Zahlen und das, was diese Zahlen für sich gesehen bildlich darstellen, mit Staunen zu betrachten, so nehmen die Kinder den Stoff nahezu automatisch in sich auf, während er hingegen sonst einfach mehr oder weniger an ihnen vorbeigegangen wäre. Gleiches gilt auch für Buchstaben: Auch sie kann man den Kindern auf spielerische Weise nahebringen, wobei man jeden einzelnen Buchstaben spielerisch mit Geheimnissen verbindet, die die Fantasie des Kindes anregen.[51] Für die *Kinder der Neuen Zeit* ist es daher ein Segen, wenn sie es sowohl zu Hause als auch in der Schule mit Eltern und Lehrern zu tun bekommen, die aus dem Herzen sprechen, denken und leben.

Zusammenfassend sei gesagt: Die *Kinder der Neuen Zeit* haben einen anderen Intellekt als die älteren Generationen – nicht so sehr einen abstrakten Intellekt, sondern einen, der aus dem Herzen kommt und daher ein sozialer, warmer, auf Bilder ausgerichteter Intellekt ist.

Bildlich denken, nicht in Worten

Die *Kinder der Neuen Zeit* denken nicht nur mit dem Herzen, sie denken auch in Bildern. Sie denken natürlich nicht *nur* in Bildern, ihr Denken erfolgt außerdem noch intuitiv und assoziativ. Frühere Generationen haben viel mehr in Worten gedacht – logisch, abstrakt, in Zusammenhängen.

Die *Kinder der Neuen Zeit* sehen in ihrem Inneren hingegen in rasendem Tempo Bilder vorbeiziehen. Das eine Bild ruft dabei ganz automatisch das nächste auf. Assoziativ gehen sie von einem Bild zum nächsten. Sie denken folglich nicht so sehr logisch, sondern vor allem assoziativ.[52] Dieses andere, neue Denken hat bestimmte Auswirkungen:

1. *Kinder der Neuen Zeit* denken schneller als frühere Generationen: Pro Sekunde können sie 2-5 Worte denken, in der gleichen Sekunde können jedoch 32 Bilder an ihrem inneren Auge vorüberziehen. Schauen Sie doch einmal nach innen, um zu sehen, wie Sie selbst denken: In Bildern oder in Worten – und erkennen Sie dann, dass jemand, der in Bildern denkt, viel schneller denkt als der, der in Worten denkt. Gegenwärtig beschleunigt sich nicht nur die Zeit (wie es in vielen Traditionen heißt, die über die Veränderungen in unserer Zeit berichten), auch unser Denken beschleunigt sich. Eine Beschleunigung, die beispielsweise in der Schnelligkeit, mit der die *Kinder der Neuen Zeit* sprechen, auch förmlich akustisch wahrnehmbar wird.

2. Die *Kinder der Neuen Zeit* sind ganz besonders geschickt im Umgang mit dem Computer. Die Computersprache ist ja eine Bildersprache, mit Icons, Bitmaps für Cliparts, Fotos und Bildern. Wer sich dessen bewusst wird, versteht auch sofort, warum der Computer einen solch unaufhaltsamen und rasanten Höhenflug genommen hat. Innerhalb kürzester Zeit ist dieser Apparat aus unserer Gesellschaft nicht mehr wegzudenken. Er passt aufgrund seiner Bildersprache hervorragend zu den neuen und kommenden Generationen.

3. Auch das Surfen im Internet spiegelt die Ebene wider, auf der sich die *Kinder der Neuen Zeit* bewegen: Sie assoziieren nämlich. Wenn sie z.B. ein Bild vom Urlaub in Griechenland im Kopf haben, sehen sie gleich darauf das Bild von ihrem Vater im Urlaub am Steuer eines Mietwagens. Aufgrund dieses Bildes denken sie an ihren eigenen Lieblingswagen und an das Autohaus in München, wo sie diesen stehen sahen. Daraufhin denken sie an – besser: sehen sie – jenen besonderen Baum, der auf der grünen Wiese neben jenem Autohaus steht. Von dort aus assoziieren sie sofort den Wald in Bayern und sehen die Bucheckern, die dort im Herbst unter den Bäumen lagen. So sind sie innerhalb einer halben Sekunde – eigentlich noch viel schneller – aus dem sonnigen Griechenland in die Wälder Bayerns gelangt. Dasselbe assoziative Denkmuster zeigt sich auch beim Surfen im Web. Sehr viele Jugendliche verbringen ganz viel Zeit ständig surfend vor dem Computerschirm und springen völlig planlos vom einen zum anderen. Dieses assoziierende Muster ist ja Teil von ihnen.

Wir erkennen folglich, dass die *Kinder der Neuen Zeit* mit anderen Fertigkeiten, mit anderen Talenten und mit einer anderen Lebenseinstellung im Leben stehen und die Gesellschaft wird sich daran anpassen und darauf einstellen müssen. Manchmal erfolgt das fast automatisch, wie in der Welt der Computer, doch manchmal muss auch viel Widerstand überwunden werden, wie etwa beim Bildungssystem, das nun einmal auf den Werten und Erkenntnissen des Fische-Zeitalters und (noch) nicht auf den neuen Wertvorstellungen des Wassermann-Zeitalters aufgebaut ist.

Erkenntnis und Verständnis sind bei alledem natürlich ganz wichtig: Wenn Eltern beispielsweise erkennen, dass die *Kinder der Neuen Zeit* ein offensichtliches Bedürfnis nach Freiheit haben, werden sie dies bei ihrem Erziehungsstil berücksichtigen. Das bedeutet übrigens nicht, dass Eltern bei ihrer Erziehung keine Grenzen setzen dürfen – im Gegenteil! Erkenntnis und Verständnis sind also wichtig. Dadurch werden Eltern (und Lehrer) beispielsweise versuchen, ihren Kindern mit Begeisterung und aus dem Inneren ihres Herzens heraus Dinge beizubringen, weil sie verstehen, dass ein *Kind der Neuen Zeit* nur über diesen Weg Wissen aufnimmt.

9.

Eine neue Art und Weise, sich mit sich selbst und anderen zu verbinden

Eine Sensitivität, die bewirkt, dass das Kind mehr sieht, als die anderen sich bewusst sind

Wir haben bereits festgestellt, dass die *Kinder der Neuen Zeit* haargenau spüren, ob jemand er selbst ist oder nicht. Diese Sensitivität ist so stark, dass sie automatisch auch spüren, ob jemand seine eigenen Gefühle unterdrückt oder diese einfach zulässt und es wagt, sie zu leben. Manche Menschen weigern sich nämlich, ihren tiefer liegenden Emotionen ins Auge zu blicken, während andere hingegen einfach sinnvoll und weise damit umzugehen wissen. Nun ist derjenige, der die eigenen Emotionen unterdrückt, niemals er selbst: Er spielt im Grunde dauernd eine Rolle. Ohne unsere Emotionen sind wir ja nur ein Schatten unserer selbst. Gibt es denn nicht auch schon ganz viele Menschen, gerade bei den älteren Generationen, die offensichtlich ihre eigenen Emotionen für immer unterdrückten, weil sie Angst haben, sich in all ihrer Verletzlichkeit zu zeigen?

An sich ist eine solche Haltung der Unterdrückung der eigenen Emotionen ja recht verständlich; denn wir stammen nun einmal aus einer Kultur (der des Fische-Zeitalters), in der für Emotionen wenig Raum war. Oft wurden diese bei der Erziehung völlig unterdrückt. „Das tut man nicht, das gehört sich einfach nicht", ist für die Älteren unter uns ein altbekannter Spruch, der automatisch zur Anpassung, ja oft auch zur Unterdrückung des eigenen tiefsten Wesens führte. Außerdem schämen sich Menschen heute noch ihrer Tränen, oder – was sicherlich ganz oft vorkommt – sie schämen sich der Heftigkeit ihrer Wut oder des schreienden Schmerzes ihres Kummers. Mit der Folge, dass sie diese Emotionen unterdrücken. Die Folge davon wiederum ist, dass sie nicht mehr sie selbst sind und in der Tat nur eine Rolle spielen, die sie übernommen haben.

Für die *Kinder der Neuen Zeit* sind Menschen, die eine Rolle spielen, verwirrend. Mehr noch: Wenn sie täglich mit solchen Menschen (beispielsweise ihren Eltern, einem Lehrer oder einem anderen Erwachsenen im Umfeld des Kindes) konfrontiert werden, wirkt das auf sie krankmachend und befremdlich. Fortwährend werden sie dann mit der Tatsache konfrontiert, dass sie intuitiv spüren, dass der andere etwas anderes sagt, als er eigentlich denkt oder fühlt. Der andere sagt beispielsweise: „Nein, über meinen Kummer bin ich schon längst hinweg." Doch das *Kind der Neuen Zeit* spürt gerade in jenem Moment, dass im anderen ein beinahe überwältigender Kummer gärt. Es spürt dessen Heftigkeit, die der andere offenbar gar nicht fühlt. Ständig müssen die *Kinder der Neuen Zeit* daher das Spielchen mitspielen, nämlich auf das eingehen, was der andere sagt und vorgibt, und nicht auf das, was sie selbst spüren, also auf das, was sich eigentlich im Verborgenen abspielt. Sie spielen das Spiel mit, einfach weil sie es müssen. Der andere weigert sich – bewusst oder unbewusst – sich preiszugeben und zu sagen, wie es eigentlich wirklich um ihn bestellt ist. Oft wird der andere sogar wütend oder reizbar, wenn ein *Kind der Neuen Zeit* sagt, dass es etwas anderes spürt, als behauptet wird. „Was du spürst, ist einfach nicht wahr!", sagte ein Onkel wütend zu seinem achtjährigen Neffen. Solche Sprüche hört man öfter, als wir uns überhaupt bewusst sind, und meist sind sich diejenigen, die solche Sprüche tun, nicht gewahr, wie viel Schaden sie damit anrichten können. Sie können wirklich ein Leben lang lähmend auf die Seele dieses Kindes einwirken und zu einem negativen Selbstbild führen.

Die Folgen dieser Sensitivität

Doch welches sind denn nun eigentlich die langfristigen Folgen für ein *Kind der Neuen Zeit*, das ein solches Spielchen mitspielen und sich dauernd zurücknehmen muss? Es verschließt sich in sich selbst und zeigt sich selten so, wie es wirklich ist. Das Kind hat ja gelernt, dass es sich zurücknehmen muss und nicht sagen darf, was es eigentlich fühlt und denkt. Ist eine solche Grundhaltung erst einmal in Jugendjahren entstanden, dann wird diese Verschlossenheit des Kindes sein ganzes weiteres Leben lang eine Rolle spielen. Von Natur aus sind die *Kinder der Neuen Zeit* ganz offen und unbefangen, aber aufgrund der negativen Erfahrungen, die sie in ihrer Jugend gemacht haben, kapseln sich sich einige von ihnen ab und werden zu verschlossenen Menschen.

Doch sie kapseln sich nicht nur ab, sie beginnen auch, an ihren eigenen Gefühlen zu zweifeln, die ja von den Erwachsenen in ihrem Umfeld ständig bestritten werden. Viele der älteren *Kinder der Neuen Zeit* kämpfen in ihrem späteren Leben beträchtlich lange damit, wieder zu lernen, (ein wenig) auf ihre Gefühle zu vertrauen. Sie haben ja gelernt, ihren Gefühlen zu misstrauen, diese unter Kontrolle zu halten und sie nicht einfach so spontan zu äußern. Dabei ist es ihr Denken, ihr Verstand, der diese Kontrolle ausübt. Der Kopf übernimmt die Regie über das Herz. So sind sie folglich durch den Verlust ihrer Spontaneität aus der Ebene ihres Herzens auf der Ebene ihres Verstandes gelandet. Für die *Kinder der Neuen Zeit* ist diese Entwicklung katastrophal, denn typisch für sie ist ja eben gerade, dass sie vor allem auf der Herzensebene leben. Daher wird es im späteren Leben ihre Aufgabe, aus dem Kopf wieder ins Herz zurückzukehren.

Das Geschenk eines neuen Bewusstseins

An sich ist es ein typisches, uraltes Phänomen, dass Kinder nun einmal genau die Lebenseinstellung ihrer Eltern übernehmen, unter der sie als Kind selbst so gelitten haben. Im obigen Fall litten sie beispielsweise unter der Verschlossenheit ihrer Eltern – und anderer Mitmenschen – die niemals sagten, was sie wirklich dachten. Es scheint nun gerade diese Lebenseinstellung zu sein, die sie später selbst zeigen – und zwar deshalb, weil ihre eigenen Gefühle nicht respektiert wurden und sie es folglich auch nicht mehr wagten, ihre wahren Gefühle zu zeigen.

So stellt man oft fest, dass eine bestimmte negative Lebenseinstellung über Generationen hinweg von der Mutter auf die Tochter und vom Vater auf den Sohn übertragen wird. In der Bibel, und zwar im Alten Testament, wird ein solches Muster wie folgt formuliert: „Der da heimsucht der Väter Missetat an den Kindern."[53] Eine Aussage, die darauf hinweist, dass bestimmte Komplexe, Ängste und Wildwüchse immer wieder von Generation zu Generation weitergegeben werden. Es ist zu einer Art Familien-Karma geworden, mit dem jede neue Generation wieder erneut konfrontiert wird. Es scheint, als liege ein Fluch auf der Familie.

Das Familien-Karma wird auch als „Familienfluch" oder „Familiensegen" bezeichnet, mit dem jedes Glied der Familie im Leben mehr oder weniger stark konfrontiert wird. Es wird auch „Familientrauma" genannt, unter dem die verschiedenen nachfolgenden Generationen innerhalb einer Familie immer wieder zu leiden scheinen. Man könnte es auch so sagen: Familien-Karma ist das Weiterreichen der immer wieder gleichen, eingerosteten negativen Eigenschaften, (An-) Gewohnheiten oder Verhaltensweisen, mit welchen man sich selbst und andere belastet und schadet, von Generation zu Generation. Es ist auch Gewohnheit, in dieser Art von Muster „hängen" zu bleiben, wie etwa: „Ich bin nun einmal so, und eigentlich will ich einfach so weitermachen."

Das Faszinierende daran ist, dass die *Kinder der Neuen Zeit* heute die Gelegenheit erhalten, einen solchen fatalen Fluch zu durchbrechen. Wenn sie mit zunehmendem Alter zur Selbsterkenntnis kommen und sich ihres Wildwuchses und ihrer Ohnmacht bewusst werden, erhalten sie dank dieser Erkenntnis und dank ihrer Fähigkeit, an sich selbst zu arbeiten, jede Chance, diese fatale Verkettung zu durchbrechen. Das Durchbrechen dieses alten Familien-Karmas erfordert übrigens einen enormen Einsatz, Geduld und die Bereitschaft, jeden Tag an sich selbst zu arbeiten. Es geht ja darum, dass man sich des Familien-Karmas in seinem eigenen Leben bewusst wird und lernt, es mit Hilfe von Gebet und Meditation zu überwinden. Es geht um Erkenntnis, um Bewusstwerdung, um den Mut, ehrlich zu sich selbst zu sein, und um den Mut, sich selbst auf Äußerungen dieses Karmas hin zu überprüfen. Das ist wirklich keine geringe Aufgabe. Doch warum ist dies eigentlich den *Kindern der Neuen Zeit* durchaus möglich, während es früheren Generationen meist noch nicht möglich war? Das hängt mit der Tatsache zusammen, dass die *Kinder der Neuen Zeit* über viel mehr Selbsterkenntnis verfügen als frühere Generationen. Oder, wie die esoterische Tradition dies nennt: In dieser Zeit beginnen wir, uns unser Bewusstsein/unsere Bewusstseinsseele zu eigen zu machen. Das bedeutet, dass wir uns die Fähigkeit aneignen, uns mit einem kleinen Schritt Abstand selbst zu betrachten, als seien wir ein Fremder, und dank unserer Selbstkritik zur Erkenntnis kommen und an uns selbst zu arbeiten beginnen.[54] Ich meine das natürlich im übertragenen Sinne, doch die *Kinder der Neuen Zeit* sind sogar imstande, das im wörtlichen Sinne zu tun: Aus ihrem Körper auszutreten, sich neben sich selbst hinzustellen und sich selbst zu betrachten. Oft läuft das so automatisch und selbstverständlich ab, dass sie gar nicht bemerken, dass sie das tun.

Diese Fähigkeit, auf einen Schritt Abstand zu sich selbst zu gehen und sich von dort aus zu betrachten, scheint also die neue Fähigkeit der *Kinder der Neuen Zeit* schlechthin zu sein – eine Fähigkeit, die bei früheren Generationen (pauschal gesagt) meist noch nicht oder jedenfalls viel weniger ausgeprägt war. Wer sich näher mit diesem Thema befassen und auch selbst versuchen möchte, sich selbst – im übertragenen Sinne – mit ein wenig Abstand zu betrachten, den verweise ich auf mein Buch „Eerlijk kijken naar jezelf" („Ein ehrlicher Blick auf mich selbst").[55]

Eben diese neue Fähigkeit macht es den *Kindern der Neuen Zeit* möglich, sich selbst und die eigenen Schwächen und guten Seiten zu erkennen. Diese neue Fähigkeit ermöglicht es ihnen auch, sich bewusst dafür zu entscheiden, an sich selbst zu arbeiten.[56]

Die Heilung vom Familien-Karma

Wenn *Kinder der Neuen Zeit* durch die Arbeit an sich selbst Heilung finden und auf diese Weise das Familien-Karma oder diesen fatalen Fluch, der offensichtlich auf der Familie lastet, in ihrem eigenen Leben durchbrechen können, wirken sie damit zugleich auch befreiend auf ihre Eltern, oder wer auch immer es war, von dem sie diese bestimmten Komplexe übernommen haben. Diesen – den Eltern etc. – wird es nun auch selbst möglich, sich von jenem alten Karma zu befreien. Es scheint so, als falle es ihnen nun viel leichter als vorher, selbst dieses alte Karma zu durchbrechen. Der fatale Fluch scheint durch das *Kind der Neuen Zeit* im Kern gebrochen zu sein. Das muss übrigens nicht gleich in diesem Leben geschehen. Es kann auch sein, dass sie erst in einem der folgenden Leben imstande sein werden, das Geschenk des *Kindes der Neuen Zeit* entgegenzunehmen und im eigenen Leben zu verwirklichen. Die Befreiung vom alten Familien-Karma kommt folglich nicht nur dem *Kind der Neuen Zeit* zugute, sondern im Prinzip allen Familienmitgliedern, die an jenes Karma gebunden sind. Wenn ein einziger Mensch das Karma durchbrochen hat, wird dies für alle Familienmitglieder möglich. So, wie das Trauma von den Vorfahren ererbt wurde, dürfen diese Vorfahren auch an der Befreiung davon teilhaben. In diesem Sinne dürfen wir also sagen, dass es den *Kindern der Neuen Zeit* gegeben ist, altes Familien-Karma zu durchbrechen und damit nicht nur sich selbst Heilung zu bringen, sondern auch ihre Eltern und eventuell ihre Vorfahren mit der Befreiung von diesem Karma zu beschenken. Dies gilt ausdrücklich auch für Eltern und andere Vorfahren, die bereits gestorben sind. Die Möglichkeit, sich für immer von altem Karma zu befreien, wirkt umgehend auch bis in die Geistige Welt. In gewisser Weise fällt ihnen dort eine Last von den Schultern. Sie können im zukünftigen Leben auf Erden nun die Befreiung von jenem alten Karma selbst bewirken. Das wird ihnen dadurch möglich, weil ein anderes Familienmitglied ihnen darin vorausgegangen ist und den Fluch grundlegend entkräftet hat.

Es ist also schon beeindruckend, was *Kinder der Neuen Zeit* mit diesem neuen Bewusstsein nicht nur für sich selbst, sondern auch für ihre Eltern oder Vorfahren bewirken dürfen. Sie bekommen die Möglichkeit, altes Karma nicht nur bei sich selbst, sondern auch für andere zu tragen und umzuwandeln. Diese neue Fähigkeit führt folglich dazu, dass wir hier auf Erden beginnen zu lernen, uns gegenseitig zu helfen, unser Karma zu tragen – eine Fähigkeit, die in Zukunft immer stärker in uns aufleben wird, zumindest wenn wir das wollen und uns dafür einsetzen möchten!

Nicht der Weg der Trennung und des Verurteilens, sondern der Weg der Verbundenheit

Mit ihrem neuen Bewusstsein sind die *Kinder der Neuen Zeit* sich nicht nur ihrer selbst bewusst, sondern auch – wie wir bereits oben festgestellt haben – dessen, was im Herzen des anderen vor sich geht. Das ist eine neue und ganz klar menschliche Fähigkeit. Dank dieses neuen Bewusstseins sind die *Kinder der Neuen Zeit* nämlich imstande, in das Wesen ihrer Mitmenschen einzutauchen. Das bedeutet, dass sie sich mit ihrem Gegenüber identifizieren und in gewisser Weise eins mit dem anderen werden können. Das hat dann wiederum zur Folge, dass sie den anderen nicht mehr von außen betrachten und von außen beurteilen. Im Gegenteil: Sie versuchen, sich so in den anderen hineinzuversetzen, dass sie bis in dessen Herz eindringen und von dort aus fühlen können, was der andere fühlt; denken können, was der andere denkt; und sehen können, was der andere sieht.

Für ein *Kind der Neuen Zeit* ist eine solche Einstellung selbstverständlich. Das Kind ist sich dessen gar nicht bewusst, dass die meisten Älteren nicht auf diese Weise mit anderen Menschen umgehen und auch nicht dazu imstande sind, sich so völlig in den anderen hineinzuversetzen. Für die *Kinder der Neuen Zeit* ist dieses neue Bewusstsein hingegen ganz normal – sie kennen es nicht anders.

Die Unterschiede zwischen dem alten und dem neuen Bewusstsein, und damit auch die unterschiedlichen Lebenseinstellungen, erweisen sich also als besonders groß und tiefgreifend. Die alte Einstellung, die viele der Älteren noch haben, ist die, den anderen mit Abstand, von außen, wahrzunehmen. Es dürfte deutlich geworden sein, dass die Menschen dank dieser Lebenseinstellung einander ziemlich reserviert gegenüberstehen. Sie bleiben einander im Grunde fremd und fällen ganz schnell ein Urteil über den anderen, wenn sie etwas feststellen, was sie nicht aus sich selbst heraus verstehen können. Ein automatisches Urteil über den anderen und das Verurteilen des anderen sind dann der konsequente Ausfluss aus der alten Lebenseinstellung. Wer nur einmal einen Blick auf die Geschichte wirft, erkennt, wie sehr diese durch die fortwährenden gegenseitigen Verurteilungen der Menschen untereinander geprägt ist, anstatt dass Menschen das Gespräch mit dem anderen suchen und genau hinterfragen, warum der andere lebt, spricht und reagiert, wie er dies tut.

Die neue Weise des Umgangs mit den anderen – sich in das Herz des anderen hineinzuversetzen – führt automatisch dazu, dass das *Kind der Neuen Zeit* mit jedem Menschen Freundschaft schließen kann, ganz gleich, welchen Hintergrund dieser auch haben mag. Es versteht ja das Wesen des anderen ohne Worte. Das *Kind der Neuen Zeit* sucht automatisch das Gespräch, und damit die Verbindung mit dem anderen. Wo das alte Denken oder das alte Bewusstsein zur Trennung führte, führt das neue Denken oder das neue Bewusstsein zur Verbindung, zum Nachdenken und zur Suche nach einem Weg zum Herzen des anderen. Wenn dieses Bewusstsein – dank der wachsenden Zahl der *Kinder der Neuen Zeit* – in Zukunft immer selbstverständlicher wird, werden wir in eine Welt eintreten, in der nicht mehr im Vordergrund steht, was uns von unserem Gegenüber trennt, sondern in der es immer mehr darauf ankommt, was uns mit diesem verbindet.

Unsere Bewusstseinsseele

Wenn wir diese beeindruckenden Unterschiede zwischen der älteren und der neuen Generation innerlich überdenken, taucht natürlich alsbald die Frage auf: „Wie kommt es eigentlich, dass in den *Kindern der Neuen Zeit* offensichtlich ein ganz neues Bewusstsein, eine ganz neue Lebenseinstellung durchbricht? Wie muss man dass erklären?"

Um hier Klarheit zu bekommen, müssen wir uns zunächst bewusst machen, dass wir Menschen im Verlauf der Evolution, Leben nach

Leben, fortwährend an uns selbst arbeiten, um uns neue Fähigkeiten anzueignen. So arbeiten wir in der aktuellen Phase unserer Evolution an unserer Seele. Wir eignen uns Schritt für Schritt die verschiedenen Facetten oder Kräfte unserer Seele an. Wie wir sehen werden, nimmt eine solche Entwicklung übrigens viele Jahrhunderte in Anspruch. Die Entwicklung unserer Seele begann bereits ungefähr 3.000 vor Christus!

✧ Erstmals kamen unsere Gefühle und Erlebnisse in weit zurückliegenden Zeiten (2907-747 v. Chr.) ans Licht: Wir begannen dadurch, unsere Leidenschaften, Triebe und Begierden zu erfahren. Das muss für den damaligen Menschen eine gewaltige, tiefgreifende Erfahrung gewesen sein. Die Menschen waren in jener Zeit wirklich (noch) nicht imstande, diese Triebe zu beherrschen, sondern wurden durch diese Leidenschaften, Triebe und Begierden mit fortgerissen. Wir wurden folglich in jener Zeit tatsächlich zum Sklaven unserer Gefühle. Es ist verständlich, dass uns damals vor allem das interessierte, was sich in unserem Inneren abspielte, und wir dem, was außerhalb von uns vor sich ging, nur wenig Beachtung schenkten. In der traditionellen esoterischen Lehre wird der Teil der Seele, der sich mit diesen Gefühlen und Empfindungen auseinandersetzt, unsere „Empfindungsseele" genannt.[57]

✧ Danach (von 747 v. Chr. – 1413 n. Chr.) lernten die Menschen, sich nicht mehr unmittelbar mitreißen zu lassen und gleich jeder Neigung nachzugeben, die in ihnen hochstieg. Sie lernten durch Nachdenken bereits die Kraft der Selbstbeherrschung kennen. Dadurch konnte sich im Menschen allmählich etwas Tieferes, Neues entwickeln. Die neue Kraft, die sich nun in der Seele zu bilden begann, hat es dem Menschen ermöglicht, sich über seine Triebe zu stellen und mit Hilfe des Denkens seine eigene Innenwelt zu entdecken. So kam es, dass der Mensch in dieser Phase automatisch lernte, sich auf sein Denken auszurichten, und es konnte sich seine Denkkraft entwickeln. Unser Verstand ist dabei immer mehr zu einem herrlichen Instrument geworden, das uns jeden Tag neue Freude schenkt. Was wären wir ohne diese Fähigkeit?

Den Teil unserer Seele, der auf das Denken ausgerichtet ist und Gedanken möglich macht, nennen wir unsere „Verstandesseele".

✪ Und nun, in der gegenwärtigen Phase der Evolution (die im Jahr 1413 n. Chr. beginnt und bis 3573 n. Chr. dauern wird), sind wir damit beschäftigt, uns der Dinge bewusst zu werden – und zwar sowohl dessen, was in unserem eigenen Herzen vor sich geht, als auch dessen, was im Herzen des anderen abläuft. Wir lernen, uns selbst zu betrachten wie einen Fremden. Dadurch sind wir imstande, zielgerichtet an uns selbst zu arbeiten. Dieses neue Bewusstsein ermöglicht es uns außerdem, eigene Entscheidungen zu fällen. Wenn man sich nicht nur bewusst wird, wie man selbst strukturiert ist, sondern auch, wie dies beim anderen ist, und man sich folglich auch der Außenwelt bewusst wird, kann man lernen, wohlüberlegt eigene Entscheidungen zu treffen.

Den Teil unserer Seele, der für dieses Bewusstsein zuständig ist und dieses neue Bewusstsein ermöglicht, nennen wir unsere „Bewusstseinsseele". Offensichtlich tun also die *Kinder der Neuen Zeit* einen gewaltigen Schritt nach vorn, wenn es darum geht, sich dieses Bewusstsein – und folglich auch ihre Bewusstseinsseele – anzueignen. Wachstum und Entwicklung gehen nun einmal nicht immer ganz gleichzeitig, sondern mit Entwicklungsschüben und plötzlichen kräftigen Impulsen einher.

Inge Delfin schreibt über unsere Bewusstseinsseele: „,Die Bewusstseinsseele entfalten' bedeutet, dass wir Bewusstsein für die (oft) schmerzhaften Prozesse entwickeln müssen, die sich in unserer Seele abspielen, und dass wir darin zwischen ,mein' und ,dein' unterscheiden lernen: ,Welcher ist mein Anteil an diesem Konflikt, und was ist dein Anteil daran?' und für uns selbst: ,Welcher Teil meines Schmerzes kommt aus mir selbst (stammt aus meiner eigenen Vergangenheit), und welcher Teil kommt vom anderen, weil dieser mir scheinbar etwas angetan hat?' Indem wir dieses ‚mein' und ‚dein' in der Seele unterscheiden und den Schmerz verarbeiten, der aus unserer eigenen Vergangenheit stammt, lernen wir die Fallstricke unserer Seele kennen (und diese zu beseitigen), die verhindern, dass wir eine Situation ganz unbefangen betrachten, darüber weiter nachdenken und adäquat darauf reagieren können."[58]

An diesem Zitat wird deutlich, worauf dieses neue Bewusstsein ausgerichtet ist: Auf das Ziel, Klarheit darüber zu erhalten, was in unserer Seele denn nun eigentlich vor sich geht, um so eine Reinigung unserer Seele zu ermöglichen. Doch, und das ist der nächste Schritt, je mehr es uns gelingt, unsere Seele zu reinigen, desto mehr wird es möglich, dass die tiefere Kraft unseres Höheren Selbst – unser innerer Christus, unser Höheres Ich, der Geist oder die Buddha-Natur – durch uns hindurch wirken kann und für uns spürbar wird. Es ist schon etwas ganz Besonderes, dass durch dieses neue Bewusstsein – und durch die richtige Art und Weise des Umgangs damit – die höheren Kräfte des göttlichen Geistes in uns beginnen, spürbar und so ab und an sogar für andere sichtbar zu werden.

Zusammenfassend können wir sagen, dass die *Kinder der Neuen Zeit* einen großen Schritt nach vorn tun, indem sie sich die Kräfte der Bewusstseinsseele aneignen. Es scheint so, als sei gerade so etwas wie ein Durchbruch des Bewusstseins im Gange – als würden allerhand Kräfte aus der Geistigen Welt die *Kinder der Neuen Zeit* auf ihrem Weg zur Bewusstwerdung vorwärts schieben.

Eben dieser Durchbruch macht diese *Kinder der Neuen Zeit* zu dem, was sie sind: Die Vorboten des neuen Menschen, der in unserer heutigen Zeit geboren werden will.

Geduld, die missbraucht wird

Übrigens sind die *Kinder der Neuen Zeit* keine Heiligen, das möchte ich in aller Deutlichkeit sagen; denn auch die *Kinder der Neuen Zeit* eignen sich alle diese Dinge nur an, indem sie ganz oft hinfallen und hoffentlich auch ebenso oft wieder aufstehen." Ebenso wie die älteren Generationen stolpern auch sie oft bei der Aufgabe, die ihnen aus der Geistigen Welt anvertraut worden ist. Doch je mehr sie diese Aufgabe erkennen, desto öfter werden sie trotzdem wieder neu beginnen, diesen Auftrag zu verwirklichen. Bewusstwerdung ist ja die Kraft, die sie dazu bringt, ebenso oft wieder aufzustehen, wie sie gefallen sind. Daher ist die Erkenntnis dieser Dinge für die *Kinder der Neuen Zeit* so wichtig.

Die Tatsache, dass die *Kinder der Neuen Zeit* keine Heiligen sind, wird auch an Folgendem deutlich: Ich habe weiter oben schon geschrieben, dass die *Kinder der Neuen Zeit* eine endlose Geduld mit den Menschen haben. Auch wenn der andere schon zum x-ten Mal denselben Fehler begeht, akzeptiert das *Kind der Neuen Zeit* das ohne zu murren, wenn es merkt, dass das nicht mit Absicht geschehen ist. Es erträgt die Wut des anderen, seine Ungeduld, seine Ruhelosigkeit und die mangelnde Aufmerksamkeit, die daraus entspringt. Es erträgt viel, und das zudem noch endlos. Es gibt jedoch eine Ausnahme: Das *Kind der Neuen Zeit* hat keine Geduld, wenn es merkt, dass sich der andere eigentlich gar nicht verändern will und sich weigert, am Leben und an den Lektionen zu wachsen, die das Leben ihm präsentiert. Es hat keine Geduld, wenn es plötzlich merkt: „Der andere findet es eigentlich ganz gut, das Opfer zu sein. Der andere sitzt nur da und klagt, um Aufmerksamkeit zu erhalten, und klagt daher auch in Situationen, in welchen es eigentlich keinerlei Grund gibt zu klagen." Es hat keine Geduld, wenn es entdeckt, dass es benutzt wird und zu erkennen beginnt, dass es durch seine Engelsgeduld dem anderen immer wieder ermöglicht hat, auf einer negativen Ebene hängenzubleiben. Sobald das *Kind der Neuen Zeit* das entdeckt, kann es vom einen Moment auf den anderen mit dem anderen brechen. Für immer und definitiv.

Können *Kinder der Neuen Zeit* so etwas nicht vorher schon erahnen? Sie sind doch so gut darin, im Herzen des anderen ein- und auszugehen? Ja, das ist wahr, und doch haben sie es nicht bemerkt. Sie können nun einmal nur schwer glauben, dass es wirklich Menschen gibt, die nicht am Leben wachsen wollen. Sie können einfach nicht glauben, dass es Menschen gibt, die zu keiner Erkenntnis kommen möchten, und schon gar nicht, wenn diese Erkenntnis schmerzhaft ist. Die Dinge richtig zu erkennen, ist für die *Kinder der Neuen Zeit* – dank ihres neuen Bewusstseins – so selbstverständlich, dass sie erst ganz spät mitbekommen, dass es auch Menschen gibt, die das gar nicht möchten. Doch sobald sie das merken, erkennen sie auch umgehend, wie oft sie in der Vergangenheit vom anderen schon missbraucht wurden und wie oft sie umsonst Geduld aufgebracht haben. Diese Erkenntnis bringt sie dann dazu, dass sie dem radikal ein Ende bereiten, indem sie mit dem anderen brechen.

Man könnte auch sagen: Sie haben sich zu lange in zu viel Geduld geübt. Das ist richtig, doch bei einem *Kind der Neuen Zeit* dauert es nun einmal lange, bevor es merkt, dass eine solche Geduld auch einmal missbraucht werden kann. Daher ist der Bruch dann auch definitiv. Offensichtlich muss ihnen das Wasser schon bis zum Halse stehen, bevor sie endlich beginnen zu merken, was los ist. Auch *Kinder der Neuen Zeit* haben ihre Schwächen.

Wie die Energie der Kinder der Neuen Zeit auf ihre Eltern wirkt

Die Geburt eines Kindes der Neuen Zeit führt zu einem Transformationsprozess bei den Eltern

Immer öfter höre ich Erzählungen von Eltern von *Kindern der Neuen Zeit*, die berichten, dass sich ihr Leben ab dem Augenblick der Geburt ihres Kindes zu verändern begann. Manchmal, so erzählen sie, begann diese Veränderung sogar schon kurz nach der Empfängnis des Kindes. Nun bewirkt natürlich die Ankunft eines jeden (neuen) Kindes in gewissem Sinne eine große Veränderung: Das Kind steht im Mittelpunkt der Aufmerksamkeit und erfordert es, dass die Eltern vorläufig sogar auf ihre eigenen Interessen ganz verzichten, um die Aufgaben erfüllen zu können, die nun einmal zur Versorgung eines Neugeborenen gehören. Diese Versorgung beansprucht so viel Zeit und Einsatz, dass das „normale" Leben der Eltern, zumindest vorläufig, völlig auf den Kopf gestellt wird.

Doch das ist es nicht, was die Eltern mir mit ihren Geschichten verdeutlichen möchten. Was sie erfahren haben, ist etwas anderes: Es ist, so berichten sie, als würden mit ihrem Kind alle möglichen Energien mitkommen, die stark auf sie, die Eltern, einwirken, und die sie unausweichlich in einen Transformationsprozess bringen. Bei diesem Transformationsprozess geht es auch immer darum „zu werden, wer ich eigentlich bin". Es ist, als würden plötzlich alle inneren Mauern einstürzen, als würde ein starker Impuls spürbar, um ihnen nun endlich beizubringen, sie selbst zu sein, offen und verletzlich. Sie spüren auch einen unüberwindlichen Drang, aus dem Kopf in ihr

Herz abzutauchen, ihren Gefühlen ehrlich ins Auge zu blicken, diese ernst zu nehmen und sie nicht mehr länger „wegzurationalisieren". Außerdem gibt es Eltern, die von einer Flut sogenannter „Zufälle" berichten, die ihnen seit der Geburt ihres Kindes auffallen.

Es dürfte deutlich geworden sein, dass die Eltern anfangs selbst nicht verstehen können, wie ihnen denn nun eigentlich geschieht und was los ist. Sie merken nur, dass alles von innen geschieht, dass alle möglichen unbekannten Gefühle und Emotionen nach oben steigen und sie langsam die Kontrolle über sich und den normalen Lauf der Dinge verlieren. Erst (viel) später beginnen sie dann plötzlich, den Prozess zu begreifen und zu erkennen. Dann merken sie plötzlich, dass dies irgendwie mit ihrem neugeborenen Kind zusammenhängt. Es dürfte auch klar geworden sein, dass manche Eltern, die mit einer solchen Erfahrung konfrontiert werden, Probleme miteinander bekommen. Es scheint, als würde alle Unzufriedenheit, die sie ein Leben lang unterdrückt hatten, plötzlich nach oben kommen. Für manche Eltern ist ihr Partner dann derjenige, auf den sie diese Unzufriedenheit (oft unbewusst) projizieren. Daher kommt es öfter vor, dass die Geburt eines *Kindes der Neuen Zeit* zu einem Bruch zwischen den Eltern führt. Das ist für viele natürlich eine schockierende und umwälzende Erfahrung: Sie verstehen eigentlich gar nicht, was mit ihnen innerlich geschieht, sie haben schon so viel Stress mit dem Kind, und nun bekommen sie auch noch Probleme miteinander.

Das Lächeln der Mona Lisa

Wie ist dies alles möglich? Insbesondere die ausgeprägten *Kinder der Neuen Zeit*, wie etwa die *Kristallkinder*, bringen ein anderes, höheres Bewusstsein mit. Viele sagen, dass die verschiedenen Gruppen von *Kindern der Neuen Zeit* aufeinander folgen und immer stärker auf ihr Umfeld einwirken. Es begann mit den *Kindern der Neuen Zeit* und den *Indigo-Kindern*. Danach hörten wir von den *Sternenkindern*. Daraufhin wieder von den *Kristallkindern*. Und in letzter Zeit, so heißt es, kommt wieder eine neue Gruppe von *Kindern der Neuen Zeit* auf die Erde – die *Regenbogenkinder*. Alle diese Kinder kommen aus einer bestimmten Geistigen Welt, die ihnen das Bewusstsein der Neuen Zeit mitgibt, das ihnen zu eigen ist und es ihnen ermöglicht, dieses Bewusstsein auf Erden auszutragen. Doch am stärksten ist das Bewusstsein bei den letzten Gruppen ausgeprägt – bei den *Kristallkindern* und den *Regenbogenkindern.* Bei ihnen ist das Bewusstsein der Neuen Zeit zu einer spezifischen verwandelnden Energie der Neuen Zeit geworden, die sie aus der Geistigen Welt mit zur Erde bringen: Sie umhüllt sie und trägt sie auf ihrer Reise zur Erde. Genau diese Energie beginnt auch, transformierend auf die Eltern einzuwirken, um auch diese zu einem anderen, höheren Bewusstsein zu führen.

Leonardo da Vinci malte ja damals das berühmte Portrait der Mona Lisa. Das Gemälde ist aufgrund des mysteriösen Lächelns der dargestellten Frau, Mona Lisa, berühmt. War sie vielleicht schwanger? Ich selbst erkenne nämlich einen Hauch dieses besonderen Lächelns im Gesicht einer schwangeren Frau wieder. Das Gesicht praktisch jeder Frau verändert sich mit der Schwangerschaft: Es scheint, als wirke das kommende Kind mit seinen Energien auf die Seele und das Herz seiner künftigen Mutter ein. Gemäß der traditionellen esoterischen Lehre ist das auch so. Die Energien, die das kommende Kind auf die Erde tragen, wirken gemeinsam mit dem Schutzengel des Kindes transformierend auf die Mutter ein. Eben diese Energien zaubern somit auch dieses geheimnisvolle, wissende Lächeln auf ihr Gesicht.

Ich nenne dieses Beispiel, um damit deutlich zu machen, dass es eigentlich etwas ganz Normales ist, dass mit einem Kind zugleich auch heilige Energien aus der Geistigen Welt mitkommen und eine gewisse Wirkung auf die Mutter ausüben. Die Energien jedoch, welche die *Kristallkinder* und die *Regenbogenkinder* derzeit mitbringen, sind noch viel stärker und haben nicht nur auf die Mutter, sondern oft auch auf den Vater einen starken Einfluss. Dieser führt letztendlich meist dazu, dass die Mutter und/oder der Vater spirituell erwachen und geistig bewusst werden. Manchmal bringt es diese Bewusstwerdung beiden, in den meisten Fällen jedoch nur einem von beiden.

Der Transformationsprozess der Eltern

Die Verwandlung, die das *Kind der Neuen Zeit* wie von selbst bei den Eltern bewirkt, beginnt ganz schlicht und einfach: Dieser Umformungsprozess möchte die Eltern zunächst einmal milder stimmen und bei ihnen Verständnis für Menschen – wie etwa für das *Kind der Neuen Zeit* selbst – wachrufen, die anders im Leben stehen, anders denken, anders fühlen und anders glauben (oder wissen). Das ist übrigens gar keine so leichte Aufgabe. Ein solches Verständnis verlangt nämlich von den Eltern, dass sie ihr Ego nicht mehr als Maß ihres Handelns und Denkens verstehen, sondern die stille Kraft ihres Höheren Selbst. Das Ego hält nämlich alle Menschen, die anders sind, schlichtweg für befremdlich, ja sogar für gefährlich. Das Höhere Selbst hingegen erfreut sich seiner ganz eigenen Weisheit und dem Facettenreichtum des anderen. Diese Aufgabe – die auf den ersten Blick so einfach erscheint – erfordert in Wirklichkeit von den Eltern Geduld und harte Arbeit an sich selbst: Nur dadurch gelingt ihnen der Schritt aus der Ebene des Egos auf die Ebene des Höheren Selbst. All die Emotionen, die Verwirrung und das Chaos, die den Transformationsprozess einläuten, haben nur eines zum Ziel, nämlich die Eltern beginnen zu lassen, an sich selbst zu arbeiten und auf diese Weise geistig zu wachsen.

Der Umwandlungsprozess, den das *Kind der Neuen Zeit* bei seinen Eltern auslöst, führt außerdem automatisch zu einer weiteren Aufgabe, nämlich zu lernen, darauf zu hören, welche klaren Aussagen das Kind über die Zukunft machen kann. Mit seinem ganzen Wesen, seiner Art zu denken und auf bestehende Situationen zu reagieren, zeigt das *Kind der Neuen Zeit*, wie die Menschheit sich in der nahen Zukunft entwickeln wird. Es zeigt beispielsweise regelmäßig durch sein Verhalten – wie wir bereits festgestellt haben – dass es nur wenig mit der heutigen Form des Erziehungs- und Bildungssystems anfangen kann, wie es aktuell an den meisten Schulen üblich ist. Sie zeigen darüber hinaus, dass sie hohle Autoritäten nicht ertragen können. Man darf eine Autorität nicht spielen, sondern muss es einfach von innen heraus sein. Sie machen beispielsweise auch deutlich, dass sie sich nur auf kreative, spielerische Weise entfalten und nur mit dem Herzen lernen können. Der Materialismus und die Geldgier von heute findet das *Kind der Neuen Zeit* total unwichtig. Ihm ist es viel wichtiger, sich für die Liebe einzusetzen.

Bei alledem verkörpert das *Kind der Neuen Zeit* in gewisser Weise schon den neuen Menschen, der in unsere Zeit hineingeboren werden will – nämlich den Menschen, der immer mehr aus der Ebene des Höheren Selbst heraus und immer weniger auf der Ebene des Egos lebt, und auch den Menschen, der nicht mehr auf der Ebene des „Habens" leben möchte, sondern auf der Ebene des „Seins". Hierbei ist die Bereitschaft der Eltern gefragt, der Schüler des Kindes zu sein, ebenso wie das Kind wiederum im Gegenzug in anderer Hinsicht der Schüler seiner Eltern ist.

Das *Kind der Neuen Zeit* verlangt also von seinen Eltern die Bereitschaft, gleichberechtigt und wechselseitig aneinander zu wachsen und sich zu entwickeln. Für die *Kinder der Neuen Zeit* selbst ist diese Gleichberechtigung selbstverständlich, und sie verstehen die Eltern nicht, die sie auf die „althergebrachte" Weise erziehen wollen: Autoritär, ohne wirklich zuzuhören und ohne selbst verletzlich zu sein. Ein vierjähriger Junge sagte zu seiner Mutter: *„Letztes Mal war ich deine Mutter, jetzt bist du meine Mutter."* Mit solchen Bemerkungen macht ein Kind die prinzipielle Gleichstellung zwischen Eltern und Kind klar. Zufällig ist der eine nun das Kind und der andere die Mutter, doch früher war das genau umgekehrt, und auch in Zukunft werden diese Rollen immer wieder wechseln. Wer das wirklich begreift, wird mit seinem Kind mit mehr Achtung und einem stärkeren Gefühl der Gleichberechtigung umgehen.

Wenn Eltern bereit sind, mit dem Herzen auf ihr Kind zu hören, werden sie langsam auch selbst ein Gefühl dafür entwickeln, was sich in unserer Gesellschaft alles verändern muss, wenn diese den Kindern einer Neuen Zeit gerecht werden will. Haben sie dies erst einmal erkannt, dann werden sie ihrem Kind auch die sinnvolle Erziehung bieten können, auf die es hofft, und weshalb es sich diese Eltern ausgesucht hat. Das Kind weiß ja, dass diese Eltern ebenso dazu fähig sein können, wirklich zuzuhören, und es dadurch auch bei der Erfüllung seiner Mission, für die es zur Erde gekommen ist, rundheraus zu unterstützen vermögen.

Dass der Transformationsprozess, in den die Eltern eines *Kindes der Neuen Zeit* manchmal geraten, nicht einfach ist, machen die Eltern auf verschiedene Weise deutlich. Eine Mutter sagte beispielsweise: „Ich entdecke mein Leben gerade neu" – eine Aussage, mit der sie verdeutlicht, dass der Transformationsprozess auch tatsächlich tiefgreifend ist und an den Fundamenten ihres Lebens rüttelt. Eine andere sagt: „Nichts ist mehr so, wie es einmal war. Ich fange an, alles in einem neuen Licht zu betrachten." Auch eine solche Aussage betont, wie heftig dieser Prozess ist.

Die Verwandlung der Großeltern

Gegenwärtig werden die Großeltern wieder stärker als früher in die Erziehung ihrer Enkelkinder mit einbezogen. Oft auch als „Pflege-Großeltern". Wenn diese ein *Kind der Neuen Zeit* zum Enkel bekommen, kann das für sie ein völliges Rätsel sein. Ganz schnell sind sie somit auch geneigt, sich zu fragen: „Von wem hat denn das Kind dieses seltsame Verhalten? Von wem hat es sein „Anders-Sein" geerbt?" Es ist ganz klar – so denken sie – dass ihr Enkelkind ein solches Verhalten nicht von ihrem eigenen Sohn oder ihrer eigenen Tochter geerbt hat, sondern dass dies natürlich von der Seite des Schwiegersohns bzw. der Schwiegertochter kommt. Bei Großeltern, die so denken, schleicht sich ganz schnell eine Spur von Abweisung, ja sogar Verurteilung, in ihr Denken über ihr Enkelkind ein. So sehr sie auch ihr Bestes zu geben versuchen, es ihr Enkelkind nicht spüren zu lassen, fängt das Kind das trotzdem zielsicher auf und reagiert darauf, indem es sich umso reservierter, trotziger und abweisender verhält.

Auch Großeltern werden also – wenn sie ein wirklich offenes, unbefangenes und liebevolles Verhältnis zu ihrem Enkelkind erreichen möchten – gezwungen, sich selbst kritisch zu betrachten und an sich selbst zu arbeiten.

Es geht um die volle Entfaltung der Liebe

Die typischen *Kinder der Neuen Zeit* haben eine Leidenschaft für Gerechtigkeit, Wahrheit und „Fair Play". Beobachten Sie nur einmal, wie heftig sie reagieren können, wenn jemand lügt oder die Unwahrheit sagt. Beobachten Sie ihre Reaktion, wenn jemand nicht ehrlich ist oder ein falsches Spiel spielt. Hören Sie, wie heftig sie reagieren können, wenn jemand die Wahrheit verdreht, um selbst besser dazustehen. Sie ertragen es einfach nicht. Dieser Sinn für die Wahrheit und Ehrlichkeit bildet, wenn ich es richtig wahrnehme, die Basis für ihren ausgeprägten Sinn für die Liebe. Die Liebe ist für ein *Kind der Neuen Zeit* von essenzieller Bedeutung und unverzichtbar. Letztendlich möchten sie auch, dass ihre Eltern dies nicht nur verstehen, sondern selbst ebenfalls mit der Kraft ihres Herzens erspüren, wie entscheidend die Liebe wirklich ist.

Ich glaube, dass wir getrost behaupten dürfen, dass der Transformationsprozess, in den die Eltern und Großeltern der *Kinder der Neuen Zeit* immer öfter geraten, auf diese Liebe abzielt. Alle Emotionen und Gefühle, die Ohnmacht oder Kurzsichtigkeit, die der vollkommenen Entfaltung der wahren Liebe im Weg stehen, müssen beseitigt werden. Daraufhin kann sich die Liebe auch im Herzen und im Leben der Eltern in all ihrer Schönheit entfalten.

All diese Überlegungen führen demnach zu folgender Erkenntnis: Für die *Kinder der Neuen Zeit*, die so von ihren Eltern – und in vielen Fällen auch von ihren Großeltern – abhängig sind und ihre Eltern so hautnah spüren, ist es wichtig, dass ihre Eltern nicht nur spüren, dass Liebe für ihr Kind so wichtig ist, sondern dass ihre Eltern selbst die Entfaltung der Liebe in ihrem eigenen Herzen ebenfalls mit aller Kraft anstreben. Dann können die Kinder wirklich mit ihren Eltern teilen, und das ist für sie allein entscheidend. Wenn *Kinder der Neuen Zeit* mit Eltern leben müssen, die dies nicht in ihrem Innersten begreifen und respektieren, fühlt sich das für sie immer wieder so an, als lasse ihr Vater und/oder ihre Mutter sie im Stich und im Grunde ganz allein. Die Eltern müssen ihnen doch helfen, den Weg ins Leben zu finden, oder nicht? Die Eltern sind doch dazu da, um sie in ihren Sehnsüchten, in ihrer Individualität und bei ihrer Lebensmission zu unterstützen, nicht wahr? Wie können sie das denn jemals verwirklichen, wenn sie sich selbst nicht von innen heraus, aus der Kraft der Liebe kennen? Daher kann man sagen, dass jedes *Kind der Neuen Zeit* im Grunde immer wieder folgende Fragen an seine Eltern und Großeltern stellt: „Seid ihr bereit, in euch selbst auf die Suche nach der Liebe zu gehen? Seid ihr bereit, die Entfaltung dieser Liebe in eurem Herzen zu eurem höchsten Lebensziel zu machen? Und seid ihr bereit, mich, euer Kind, euer Enkelkind, zu akzeptieren, so, wie ich bin, mit all meinen Eigenheiten?"

Natürlich beschreibe ich das nun mit den Worten und Erkenntnissen eines Erwachsenen – kein Kind wird das je so formulieren. Doch dies ist, davon bin ich zutiefst überzeugt, das, was ich die *Kinder der Neuen Zeit* eigentlich sagen höre und was sie mir meiner Meinung nach zu verstehen geben.

Die Botschaft eines ungeborenen Kindes

Oft knüpfen die *Kinder der Neuen Zeit* schon vor ihrer Geburt ein Band zur Mutter und manchmal auch zum Vater. Meist geschieht das auf eine so stille Weise, dass es den Eltern nicht bewusst wird, doch genauso oft werden die Eltern sich dessen sehr wohl bewusst. So geben manche *Kinder der Neuen Zeit* während der Schwangerschaft ihrer Mutter vorab schon den Namen durch, den sie tragen (möchten). Das tun sie in einem Traum, aber beispielsweise auch so, dass ein Elternteil plötzlich in seinem Inneren einen Namen hört/spürt/ahnt und zugleich auch weiß: „So heißt mein Kind!" Ein andermal teilen sie ihrer Mutter bereits im Vorfeld etwas über ihr Wesen mit – und das beeindruckt viele Mütter tief. Wieder andere Mütter fühlen sich in der Zeit der Schwangerschaft gleichsam „erhöht", als ob sie auf eine andere Ebene, in ein anderes Bewusstsein gehoben seien. Es gibt viele subtile Möglichkeiten, wie sich das kommende Kind bei den Eltern zu erkennen gibt und bereits vorher Botschaften übermittelt. Eine Mutter hörte plötzlich in einer Meditation eine Kinderstimme sagen: „Habe keine Angst, es sieht zuerst so aus, als ob alles schlechter wird, aber eigentlich wird es nur immer besser." Die Mutter wusste sofort, dass es ihr künftiges Kind war, das ihr diese Botschaft mitteilte. Diese Erfahrung machte auf sie einen tiefen Eindruck. Sie gab ihr Halt, als sie und ihr Mann nach der Geburt ihrer Tochter ernsthafte Probleme bekamen, die sogar auf eine Scheidung hinausliefen. Doch letztendlich stellte sich heraus, dass diese Scheidung ihr den Raum gab, sich selbst zu verwirklichen und es ihr zu ermöglichen, alle ihre verborgenen Seiten kennenzulernen und zu entdecken. Als sie dann, nach einer Zeit tief greifender Veränderungen in ihrem Inneren, einen neuen Mann kennenlernte, fand sie bei diesem Mann die Ruhe, das Vertrauen und die Inspiration, die sie bei ihrem ersten Partner niemals gefunden hatte. Als sie mir dies alles erzählt hatte, schloss sie ihre Geschichte mit folgenden Worten: „Ja, ich kann die Botschaft meiner Tochter nur bestätigen, dass es letztendlich immer besser werden würde."

Die Hilfe, die Eltern ihrem Kind der Neuen Zeit bieten können

Der Transformationsprozess, in den Eltern eines *Kindes der Neuen Zeit* manchmal geraten, ist für das Kind von großer Bedeutung. Das Kind hat nämlich eine starke Verbindung zur Geistigen Welt – es weiß Dinge, es sieht Dinge und es hört Dinge, die anderen Menschen verborgen bleiben. Und es braucht Eltern, die ihm beistehen können, diese Erfahrungen zu verarbeiten und zu verstehen. Was bedeuten diese Erfahrungen? Welche sind gute Erfahrungen, und welche nicht? Wie muss ich damit umgehen, wenn ich Ängste spüre und beispielsweise düstere Wesen sehe? Wie gehe ich mit der Information um, wenn ich an deren Aura ablesen kann, dass bald ein Erwachsener aus meinem eigenen Umfeld sterben wird? Darf ich zu Hause unbefangen darüber sprechen, weil meine Eltern diese Art von Erfahrung verstehen und ihr einen Platz in ihrem Herzen geben können, wenn ich meinen verstorbenen Opa oder die Oma im Zimmer stehen sehe?

Dies sind nur einige der Fragen, mit welchen ganz viele *Kinder der Neuen Zeit* heutzutage konfrontiert werden. Es dürfte deutlich geworden sein, wie wichtig es für sie ist, Eltern zu haben, die sie gerade bei solchen Fragen ein wenig begleiten und zu ihren Wegweisern in der Geistigen Welt machen können, die für ihr Kind Wirklichkeit ist. Sie blicken ja regelmäßig hinter den Schleier in die andere Welt hinein. Eltern können ihr Kind in dieser Hinsicht in der Tat nur dann unterstützen, wenn sie es selbst gelernt haben, sich für diese Dinge zu öffnen und diese zu verstehen. Daher ist der Transformationsprozess, den sie nach der Geburt ihres Kindes manchmal durchleben, so wichtig. Übrigens verläuft dieser Lernprozess meist automatisch. Ich kenne ganz viele Eltern, die von ihrem Kind regelrecht „wachgerüttelt" wurden, ein Buch nach dem anderen verschlungen und einen Kurs nach dem anderen besucht haben, um es nur verstehen zu können. In ihnen entstand ein tiefes Bedürfnis, es zu begreifen. Auch wenn die Erziehung ihres Kindes/ihrer Kinder für sie noch so stressig gewesen ist, so fanden sie doch zwischendurch immer wieder Momente und Augenblicke, in welchen es ihnen möglich war, zu lesen und den Hunger ihrer Seele zu stillen.

Wichtig ist auch, dass die Eltern bei ihrem eigenen Transformationsprozess die Bedeutung des Erdens oder „Sich-mit-dem-Boden-Verhaftens" kennenlernen. Wie kann man mit beiden Beinen auf dem Boden bleiben, wenn man immer sensibler für die spirituelle Welt wird? Wenn die Eltern selbst gelernt haben, sich zu erden und sich dem Boden zu verhaften, dann können sie das ihrem Kind auf spielerische Weise ebenfalls beibringen.

Zu guter Letzt ist es auch wichtig, dass Eltern ihrem Kind vermitteln können, mit ihren geistigen, hellseherischen, hellhörenden oder hellfühligen Fähigkeiten voller Ehrfurcht umzugehen. Nur wer ehrfurchtsvoll und respektvoll mit diesen Dingen umgeht, wird mit dieser Einstellung automatisch Schutz vor negativen Erfahrungen und düsteren Wesen erhalten.

Wenn Sie dies alles einmal in aller Ruhe auf sich einwirken lassen, wird es wahrscheinlich schon etwas klarer, wie sehr das *Kind der*

Neuen Zeit seine Eltern in eine neue Welt einführt. Es wird damit, meine ich, auch der Sinn des Transformationsprozesses deutlich, in den Ihr Kind Sie ganz automatisch mit hineinzieht.

Eine Sorge, die ich mit Ihnen teilen möchte

Vielleicht ist dies der richtige Augenblick, um mit Ihnen, liebe Leserinnen und Leser, eine bestimmte Sorge zu teilen. Um diese Sorge zu erläutern, vorab zunächst Folgendes: Die erste Generation der *Kinder der Neuen Zeit* hat vielen Menschen die Augen für die Existenz der Geistigen Welt geöffnet. Immer mehr Menschen beginnen zu verstehen, dass der Tod nicht das Ende bedeutet, sondern dass das Leben nach dem Tod weitergeht. Immer mehr Menschen bekommen Kontakt zu einem ihrer verstorbenen Lieben. Immer mehr Menschen erkennen, dass es wirklich geistige Wesen gibt – Engel, die für uns sorgen und uns begleiten und beistehen möchten. Immer mehr Menschen werden mit früheren Leben, mit Karma und mit Rückführungen vertraut.

Man könnte diese zunehmende Offenheit für diese neuen Erkenntnisse in unserer Gesellschaft als ersten Schritt im großen Transformationsprozess bezeichnen, den die Erde und die Menschheit zurzeit durchlaufen. Nun folgt die zweite Phase: Sie bedeutet, dass wir nun im Anschluss lernen, uns mit diesen neuen Erkenntnissen auch wirklich auf eine Ebene zu begeben, die von großer Ehrfurcht und Ernst geprägt ist, und das Erworbene nicht leichtfertig zu missbrauchen. In letzterem Fall entsteht nämlich ein gefährlicher, düsterer Okkultismus. Dieser entwickelt sich überall dort, wo Menschen diese neuen Möglichkeiten, Begabungen und Erkenntnisse nur zu ihrem eigenen Vorteil nutzen. Gefährlicher Okkultismus entsteht dort, wo Menschen beispielsweise Hellsichtigkeit nur einsetzen, um schnell reich zu werden oder um Aufmerksamkeit auf sich zu ziehen. Wenn Menschen etwa darauf aus sind, mit den Toten zu kommunizieren, ohne zu begreifen, wie viel Schaden sie diesen antun können, wenn sie sie aus Egoismus zu sich rufen. Jener negative Okkultismus entsteht auch dann, wenn Menschen vor allem daran verdienen wollen und ihre eventuell vorhandenen Talente in diesem Bereich folglich auf der Ebene des Egos und der damit einhergehenden Habgier nutzen.

Die zweite Phase des großen Transformationsprozesses, den wir gerade durchleben, wird somit auch ein weltweites Ringen darum bedeuten, die neuen Talente und Erkenntnisse, die die *Kinder der Neuen Zeit* uns zukommen lassen, auf ehrfürchtige, respektvolle Weise nutzen zu lernen, und zwar auf der Ebene unseres Höheren Selbst. Jeder, der dazu bereit ist, wird, so wie die Eltern von *Kindern der Neuen Zeit* das in der heutigen Zeit erleben, sehr schnell merken, dass man dazu erst einmal bei sich selbst anfangen muss. Man muss es wagen, seinen Ängsten ehrlich ins Auge zu blicken und diese erfolgreich loszulassen. Man muss die Mauern, die man um sein eigenes Herz herum errichtet hat, erkennen und niederreißen. Man muss lernen, ehrlich zu sich selbst zu sein usw. Nur wenn wir bereit sind, an uns selbst zu arbeiten, und immer wieder die Bereitschaft zeigen, uns zu bemühen, die Meisterschaft über unser Ego zu erringen, wird es uns gelingen, die neuen Talente und Erkenntnisse, die die *Kinder der Neuen Zeit* uns entgegenbringen, auf der richtigen Ebene, nämlich auf der Ebene des Höheren Selbst, einzusetzen.

Ich hoffe somit auch, dass wir in naher Zukunft immer wieder die zentrale Frage stellen werden: „Wie gehe ich mit den neuen Erkenntnissen der heutigen Zeit richtig und sinnvoll um?"

11.

Die verschiedenen Kindertypen der Neuen Zeit

Warum eine Einteilung Sinn macht

Bislang habe ich unbefangen über die *Kinder der Neuen Zeit* gesprochen, als seien sie alle gleich, als glichen sie einander wie ein Ei dem anderen. Das stimmt natürlich nicht. Auch unter den *Kindern der Neuen Zeit* gibt es ebenso viele Unterschiede wie zwischen anderen Menschen auch. Das eine Kind zeigt vor allem das eine Kennzeichen, während das nächste vor allem ein anderes Merkmal aufweist. Dadurch erscheinen die beiden einander extrem entgegengesetzt, während sie doch beide *Kinder der Neuen Zeit* sind. Daran erkennt man schon, dass es in der Tat nicht gut möglich ist, alle *Kinder der Neuen Zeit* über einen Kamm zu scheren und den Eindruck zu erwecken, sie würden alle einander gleichen. Es ist daher wichtig, für die verschiedenen Gruppen von *Kindern der Neuen Zeit* und die Aspekte, in welchen sich diese voneinander unterscheiden, ein Unterscheidungskriterium zu entwickeln.

Letztendlich passt natürlich kein einziges Kind in irgendeine Schublade. Jeder ist immer wieder ein wenig anders, als die Beschreibung einer bestimmten Gruppe suggeriert. Es ist auch typisch für das Denken eines *Kindes der Neuen Zeit*, das Einmalige eines jeden von ihnen zu betonen. Wenn wir trotzdem eine gewisse Einteilung in Gruppen vornehmen, geschieht dies vor allem deshalb, um etwas mehr Überblick über die Unterschiede zwischen den *Kindern der Neuen Zeit* zu erhalten – doch passen wird es, wie gesagt, niemals ganz.

Die erste Einteilung ist die, die ich bereits weiter oben vorgenommen habe: Die aufeinander folgenden Generationen der *Kinder der Neuen Zeit*, die immer wieder andere, neue Kennzeichen aufweisen und oft eine wieder etwas andere Lebenseinstellung haben als die vorangegangenen Generationen. Es begann mit den *Kindern der Neuen Zeit*, die insbesondere in Amerika und Deutschland als „Indigo-Kinder" bezeichnet wurden. Im letzten Kapitel (und auch im 2. Kapitel) habe ich bereits beschrieben, wie die aufeinander folgenden Generationen der *Kinder der Neuen Zeit* in chronologischer Reihenfolge als „Sternenkinder", „Kristallkinder" und „Regenbogenkinder" bezeichnet werden – und natürlich macht es einen (großen) Unterschied, ob ein Kind zur Gruppe der *Sternenkinder*, zu den *Kristallkindern* oder den *Regenbogenkindern* gehört. Andere führen wieder eine andere Reihenfolge der Generationen mit anderen Bezeichnungen an.[59] Doch das Wichtigste bei dieser Art der Einteilung ist die Erkenntnis, dass immer wieder andere *Kinder der Neuen Zeit* geboren werden, die anders und überraschend neu im Leben stehen.

Vier unterschiedliche Kindertypen der Neuen Zeit

Doch neben dieser Einteilung in aufeinander folgende Generationen gibt es noch eine weitere Einteilungsmöglichkeit. Diese stammt von Nancy Ann Tappe und wird mittlerweile von immer mehr Menschen übernommen. In ihrem Buch „Understanding Your Life Through Colour" („Verstehe dein Leben durch Farben") geht sie von vier verschiedenen Gruppen von *Kindern der Neuen Zeit* aus: Den „Humanisten", den „Künstlern", den „Interplanetariern" und den „Konzeptionisten".[60] Ihre Einteilung ist in kurzer Zeit mehr oder weniger zur Standardeinteilung geworden. Es ist eine Einteilung, die den Unterschieden zwischen den *Kindern der Neuen Zeit* gerecht wird und uns einen besseren Überblick über die spezifischen Eigenheiten eines jeden *Kindes der Neuen Zeit* gibt. Man bedenke beispielsweise die Tatsache, die ich weiter oben (im 2. Kapitel) bereits erläutert habe, wonach alle *Kinder der Neuen Zeit* ausgesprochen sozial sind. Das gilt freilich für die meisten *Kinder der Neuen Zeit*, wie etwa die

Humanisten, die Künstler und die Interplanetarier, jedoch bestimmt nicht für die Konzeptionisten, die mehr auf Apparate und Technik als auf Menschen fixiert sind. So geht es eigentlich mit allen Kennzeichen, die ich im zweiten Kapitel beschrieben habe. Sie gelten für die meisten *Kinder der Neuen Zeit*, jedoch nicht für alle. Dank der Einteilung von Nancy Ann Tappe erhalten wir nun etwas mehr Überblick über diese Art von Unterschieden zwischen den *Kindern der Neuen Zeit*. Ich kenne freilich auch Mütter, die mich gefragt haben: „Ich dachte, mein Kind sei ein *Kind der Neuen Zeit*, doch nachdem ich die Beschreibungen gelesen habe, ist mein Kind doch in vielen Dingen anders, als hier beschrieben. Ist mein Kind dann doch kein *Kind der Neuen Zeit*?" Doch bei einem näheren Gespräch ergab sich dann ganz schnell, dass ihr Kind beispielsweise ein „Konzeptionist" ist, der jedoch in einigen wichtigen Punkten in der Tat von den gängigen Beschreibungen dieses Kindertypus der Neuen Zeit abwich.

Die Einteilung von Nancy Ann Tappe sieht folgendermaßen aus:[61]

1. Der Humanist

KENNZEICHEN: Der Humanist ist sehr sozial und redet gern. Er hat auch eine starke Zuneigung zu Tieren, Pflanzen und Bäumen, mit welchen er sogar kommuniziert (Man dürfte Prinzessin Irene der Niederlande, die mit Bäumen kommuniziert, somit auch als eine der ersten Humanistinnen bezeichnen).

Der Humanist ist auch eine leidenschaftliche „Leseratte". Er nutzt seine ganze Freizeit, um zu lesen, sogar auf der Toilette! Er ist auch – wie die meisten „Bücherwürmer" – ein Träumer, der in seiner eigenen Fantasiewelt lebt. Die Folge davon ist, dass er oft nicht hört, was man zu ihm sagt: Er ist eben „nicht ganz da".

Doch der Humanist ist nicht nur ein Träumer – man kann ihn beispielsweise auch daran erkennen, dass er nicht nur gern, sondern auch ganz unbefangen mit jedem redet und umgeht. Er hat also eine soziale Lebenseinstellung, schenkt anderen viel Zuwendung und verfügt über ein sehr gutes Einfühlungsvermögen.

Der Humanist ist meist nicht richtig mit seinem physischen Körper verbunden und daher im Allgemeinen schlecht geerdet. Infolgedessen ist er meist auch unbeholfen, was seinen Körper betrifft, und somit bestimmt kein sportlicher Typ.

Von anderen Kindern wird er gern „Weichei" genannt, weil es ihm wehtut, wenn jemand oder etwas – eine Pflanze, ein Tier oder ein Baum – Schmerzen hat und/oder ungerecht behandelt worden ist. Er hat nun einmal eine Abscheu gegen jegliche Form von Gewalt und Gewalttätigkeit. Er fordert daher Respekt für alle Lebewesen auf Erden. Typisch ist das Beispiel eines fünfjährigen Jungen, der sich von sich aus mit den Pflanzen, die im Haus standen, unterhalten und mit ihnen besprochen hat, welche Nährstoffe sie brauchen und wie oft sie gegossen werden müssen.[62]

Der Humanist ist zudem abwechselnd hyperaktiv („über-aktiv") und hypoaktiv („unter-aktiv"). Ein Vater sagt über seinen Sohn: „Er ist oft müde und schlapp und will nicht mehr." Eine solche Beschreibung ist typisch für den Humanisten (beispielsweise aber wiederum nicht für den Künstler, siehe unten). So sozial er auch sein mag, ist er doch auch gern ein Einzelgänger – er braucht auf alle Fälle regelmäßige Ruhephasen, in welchen er mit sich selbst allein ist.

Recht rührend finde ich seine Fähigkeit, sich seiner selbst und seiner eigenen Situation bewusst zu sein – dadurch ist er imstande, sich selbst zu bestrafen.

LEBENSZIEL: Der Humanist wird später mit größeren Menschengruppen arbeiten – als Arzt, als Rechtsanwalt, als geistiger Lehrer, als Politiker oder in anderen, verwandten Berufen. Es wird somit vor allem auch der Humanist sein, der die Gesellschaft umformen wird, indem er Menschen (Gruppen und Individuen) bei ihrer persönlichen Transformation unterstützt.

2. Der Künstler

KENNZEICHEN: Der Künstler ist körperlich im Allgemeinen kleiner als seine Zeitgenossen. Er ist hypersensitiv und damit der empfindsamste aller vier Typen der *Kinder der Neuen Zeit* und hat (als

Begleiterscheinung dieser Sensibilität) oft noch bruchstückhafte Erinnerungen an frühere Leben.

Er hat einen extrem starken Willen und setzt diese Willenskraft besonders auf den Gebieten ein, für die er sich wirklich interessiert.

Das Typischste an ihm ist seine Kreativität. So liebt er naturgemäß auch alle Formen von Kunst: Ballett, Malen, Zeichnen, Musik und Tanz. Um die Ziele, die sich der Künstler auf diesem Gebiet gesetzt hat, zu erreichen, kann er sehr ausdauernd und ambitioniert sein.

Der Künstler ist auch ein geborener Genießer, der Situationen und Menschen schnell durchschaut und dann handelt. Auffallend ist, dass er wenig Schlaf braucht, weil er sich überall entspannen kann und jede Möglichkeit nutzt, um sich auszuruhen.

Auf andere Menschen macht der Künstler einen sanften, sensiblen Eindruck. Man vergesse aber nicht: Hinter dieser Sanftheit verbirgt sich ein eiserner Wille! Daher kann der Künstler äußerst dominant sein und seine Eltern gehörig im Griff haben. Ein fünfjähriges Mädchen – Künstlerin – sagte nach einem Wutausbruch zu ihrer Mutter: *„Weißt du, Mama, ich musste meine Wut einfach rauslassen, sonst werde ich krank."*[63]

Künstler fühlen sich auch sehr oft wie ein König. Mädchen sagen beispielsweise im Brustton der Überzeugung von sich, dass sie eine Prinzessin sind. Eltern berichten auch von Sprüchen ihres Kindes, wie: *„Ich bin eine Majestät"* oder: *„Ich bin eine Kinder-Königin."*

Zwischen dem vierten und zehnten Lebensjahr können sie fünfzehn verschiedene kreative Künste beginnen und fünf Minuten damit verbringen, um sie dann wieder aufzugeben. Haben Sie als Eltern ein Kind, das Künstler ist und Geige spielen möchte, so mieten oder leihen Sie sich diese Geige nur, und kaufen sie sie lieber nicht: Ich wette 10 : 1, dass das Kind eine Woche später wieder etwas ganz anderes will. Dies ist für den Künstler die einzige Möglichkeit, um seiner vielseitigen Kreativität Ausdruck zu verleihen und damit vertraut zu werden. Verurteilen Sie dieses Verhalten also nicht, sondern lernen Sie, sinnvoll damit umzugehen.

LEBENSZIEL: Der Künstler ist der Lehrer der Zukunft. Wir haben bereits weiter oben festgestellt, dass der Lehrer der Zukunft vor allem ein Künstler sein muss und mit seiner Kreativität den Kindern helfen kann, sie selbst zu werden und sich über den Weg der Kreativität selbst zu finden und weiterzuentwickeln.

Künstler werden auch gerne Schauspieler, um auf diese Weise ihre Kreativität und Verspieltheit zum Ausdruck zu bringen. Andere Künstler finden in einer Funktion als Forscher den Weg, auf dem sie ihre Kreativität und Verspieltheit optimal ausdrücken können.

3. Der Interplanetarier

KENNZEICHEN: Der Interplanetarier ist körperlich meist größer als die anderen Kinder und wird daher meist älter eingeschätzt, als er ist. Er ist ein Kind, das schon ab dem zweiten Lebensjahr Dinge sagt wie: „Das weiß ich schon", „Das kann ich selbst" oder: „Lass' mich bitte in Ruhe". Der Interplanetarier weiß alles besser – als Eltern hat man ihnen beinahe nichts mehr zu sagen. Aufgrund ihrer Größe und ihrer Art sind sie oft Außenseiter, die irgendwie immer das Nachsehen haben und nie dazugehören. Unter einer solchen Ablehnung können sie leiden, was zur Vereinsamung führt.

Gerade diese Kinder, mit ihrer ausgeprägten Willenskraft, brauchen deutliche Grenzen und Disziplin. Werden diese Grenzen nicht gesetzt, dann walzen sie über ihre Eltern und Erziehungsberechtigten hinweg. Die Eltern müssen sich selbst im Klaren werden, wo ihre eigenen Grenzen liegen, und sich infolgedessen fragen, wie sie diese in Übereinstimmung mit dem bringen können, was ihr Kind als sinnvolle Grenzen betrachtet. Die Interplanetarier wollen nämlich immer selbst bestimmen, wie sie was tun.

Es ist klar, dass die Erziehung eines Interplanetariers immer wieder zu Problemen führen kann. Dieses Kind kann für die Eltern zur echten Herausforderung werden, insbesondere was die Themen Grenzen, Autorität und Disziplin betrifft. Die Eltern müssen sehr standfest sein, um ganz ruhig, mit großem Respekt *für* und in sinnvoller, wohl überlegter Absprache *mit* ihrem Kind die notwendigen Grenzen zu setzen.

Die Interplanetarier sind aufgrund ihrer Lebenseinstellung die geborenen Anführer und weigern sich meist, sich von Idealen, Regeln oder Erwartungen lenken zu lassen, die andere ihnen auferlegen, die sie selbst jedoch nicht für sinnvoll erachten. Anhand des oben Dargelegten dürfte außerdem klar geworden sein, dass sie, wie übrigens auch die Künstler, ihre liebe Not mit Vorgesetzten und Autoritäten haben – und schon erst recht, wenn es sich dabei nicht um eine natürliche Obrigkeit oder Autorität handelt.

Die Interplanetarier können auch herrisch, ja sogar diktatorisch sein, und es beeindruckt sie wenig, wenn sie mit ihrem Verhalten andere Menschen abstoßen. Sie werden sogar als „Grobiane" tituliert, weil sie über andere Menschen hinwegwalzen können, wenn sie es nicht früh genug gelernt haben, auch Rücksicht auf andere zu nehmen.[64]

Eine Mutter, selbst Therapeutin, die mit ihrer fünfjährigen Tochter, einer Interplanetarierin, die größten Schwierigkeiten hat, sagt von diesem Kind: „Manchmal habe ich das Gefühl, als müsse sie lernen, Kind zu sein, mit allem, was dazugehört, denn wie man sich als „Erwachsene" verhalten muss, wusste sie schon ganz schnell nach ihrer Geburt."[65] Nicht nur die Interplanetarier, sondern beispielsweise auch die Humanisten, würden am liebsten die Phase der Kindheit überspringen, um lieber heute als morgen mit ihrer eigentlichen Lebensaufgabe beginnen zu können.

Der Interplanetarier ist ein typisches *Kind der Neuen Zeit* in dem Sinne, dass er Mauern und andere bestehende Trennwände zwischen Menschen einreißt, alte Vorstellungen über den Haufen wirft und auf undemokratische Vorgesetzte allergisch reagiert.

LEBENSZIEL: Der Interplanetarier möchte uns eine neue Lebensphilosophie, neue Denkmuster und eine neue Religion bringen. Damit bahnt er zwar den Weg zu einer neuen Gesellschaft, macht sich damit aber bestimmt nicht beliebt, denn er tritt immer wieder einmal Menschen ziemlich unsanft auf die Zehen, wenn sie an alten Erkenntnissen und Glaubensüberzeugungen festhalten. In Anbetracht dieses Lebenszieles ist es nur zu verständlich, dass ein Interplanetarier ausgesprochen stark im Leben stehen muss!

4. Der Konzeptionist

KENNZEICHEN: Der Konzeptionist ist der einzige Typus der *Kinder der Neuen Zeit*, der nicht so sehr auf andere Menschen, sondern vielmehr auf technische Apparate, Ideen und Konzepte ausgerichtet ist. Er ist folglich nicht sozial und ebensowenig emotional. Die Folge dieses Verhaltens ist, dass es von ihm heißt, er sei autistisch. Das ist er nicht, auch wenn sein Verhalten manchmal sehr wohl an Autismus erinnert.

Der Konzeptionist zerlegt gern Maschinen, um herauszufinden, wie sie funktionieren. Als Kind ist er athletisch, sportlich und geschickt. Er spielt gern bei seinen Eltern den „Boss" und hat dementsprechend auch Autoritätsprobleme. Die Jungen versuchen vor allem, ihre Mutter zu beherrschen, die Mädchen vor allem den Vater. Der Konzeptionist braucht klare Regeln, klare Aufgaben und Disziplin.

Darüber hinaus ist für ihn auch wichtig, dass seine Mitmenschen ihre Gefühle klar und deutlich zeigen. Weil er nicht so sehr auf andere Menschen eingestellt ist, kann er subtile Gefühle nur schwer interpretieren. Auch in diesem Punkt erinnert er an den Künstler.

Es versteht sich von selbst, dass der Konzeptionist oft Außenseiter ist und von anderen ausgeschlossen wird. Ebenso wie beim Interplanetarier bringt ihm das eine gewisse Einsamkeit ein, unter der er gehörig leiden kann.

Was auch auffällt, ist die Tatsache, dass der Konzeptionist vollkommen selbstständig ist, immer alles besser weiß und stets das letzte Wort haben möchte – auch das führt zu Kollisionen mit anderen Menschen und zur Isolation.

Konzeptionisten sind anfällig für Suchtprobleme, besonders als Teenager. Dabei legt ein Konzeptionist, anders als die anderen *Kinder der Neuen Zeit*, nicht sehr viel Wert auf Ehrlichkeit. Diese Einstellung hat ihre Auswirkungen: Beginnt ein Konzeptionist, Dinge zu verbergen, heimlich zu tun und sagt beispielsweise, dass seine Eltern sein Zimmer nicht mehr betreten dürfen, wird es Zeit, gut aufzupassen und vor allen Dingen sein Zimmer gut zu durchsuchen.

LEBENSZIEL: Konzeptionisten sind die Techniker, Architekten, Designer, Astronauten, Piloten und Truppenoffiziere von morgen.

Da wir nun die Eigenschaften dieser vier verschiedenen Kindertypen der Neuen Zeit in aller Ruhe auf uns haben wirken lassen, ist es gut, noch einmal anzumerken, dass kein einziges *Kind der Neuen Zeit* hundertprozentig in eine bestimmte Schublade passt. Es wird öfter vorkommen, dass ein *Kind der Neuen Zeit* offensichtlich Eigenschaften von verschiedenen Typen besitzt. Bei allen Einteilungen ist Vorsicht geboten: Ein *Kind der Neuen Zeit* passt nun einmal *per definitionem* in überhaupt keine Schublade – denn das ist es ja eben gerade, was das *Kind der Neuen Zeit* ausmacht!

Einige Regeln für den Umgang mit Kindern der Neuen Zeit

Im folgenden Kapitel möchte ich näher auf die Erziehung von *Kindern der Neuen Zeit* und die Regeln eingehen, die man dabei besser beachten sollte. Doch nach dem soeben Dargelegten möchte ich bereits hier einige Tipps geben, die sich meiner Meinung nach aus dem Obigen logisch ergeben:

1. Sprechen Sie diese Kinder nicht in der Babysprache an, sondern nehmen sie sie von Anfang an ganz ernst.
2. Hören Sie einfach auf sie und versuchen Sie nicht, irgendwie Macht auszuüben. Wenn sie nämlich irgendetwas überhaupt nicht leiden können, so ist das eine Manipulation über Schuldgefühle und/oder Macht.
3. Klären Sie gleich beim allerersten Mal, warum Sie manche Wünsche von ihnen einfach nicht erfüllen können – sie werden es verstehen und respektieren, sofern Sie dabei absolut ehrlich sind.
4. Wagen Sie es, Grenzen zu setzen: *Kinder der Neuen Zeit* – und besonders die Konzeptionisten und die Interplanetarier – brauchen das, aber nur unter der Bedingung, dass Sie das nicht autoritär, sondern im Einvernehmen mit dem Kind tun.

Ein Elternpaar erzählte über seinen siebenjährigen Sohn: „Er forderte von uns einfach Grenzen: Wenn wir ihm diese nicht setzten, sorgte er durch sein Verhalten schon dafür, dass wir an unsere Grenzen stießen. Dadurch mussten wir für uns und ihn immer wieder neue setzen." Dieselben Eltern berichten auch: „Wir als Eltern mussten lernen, auf uns selbst zu schauen und unsere eigenen Bedürfnisse wieder zu entdecken."[66] Auch an diesem Beispiel sehen wir wieder, wie die *Kinder der Neuen Zeit* von ihren Eltern fordern, sie selbst zu sein und für sich selbst genauso gut zu sorgen wie für ihre Kinder. Oder: Die Kinder der Neuen Zeit fordern von ihren Eltern, dass sie sich ihrer selbst, ihrer eigenen Bedürfnisse und Wünsche klar werden und sich bestimmt nicht nur zugunsten ihres Kindes selbst ignorieren. Für solche Eltern hat das *Kind der Neuen Zeit* keinen Respekt.

5. Die *Kinder der Neuen Zeit* haben ein sehr starkes Bedürfnis nach Eltern, die wirklich versuchen, sie zu verstehen. Verständnis und Respekt sind für sie unglaublich wichtig und können ein bedeutendes Gegengewicht zu der Einsamkeit bilden, die manche *Kinder der Neuen Zeit* nun einmal einfach verspüren.

6. Unverzichtbar und alles entscheidend ist für das *Kind der Neuen Zeit* – die Liebe. Bei allem, was sie tun, sagen oder zeigen, geht es immer wieder um die Liebe, und zwar um die bedingungslose Liebe. Ihre Mission besteht folglich auch darin, die Menschheit auf die künftige wahre Liebe vorzubereiten oder, wie Robert Ocker sagt, „auf das universelle Lied der Liebe".[67] Daher brauchen sie selbst natürlich auch aufrichtige Liebe. Sie benötigen sie jeden Tag so, wie eine Pflanze ihr Wasser verlangt.

12.

Die Erziehung der Kinder der Neuen Zeit – ein beiderseitiges Vergnügen [68]

Die Kunst der Erziehung stellt an die Eltern hohe Anforderungen

An die Eltern werden hohe Anforderungen gestellt, um ein *Kind der Neuen Zeit* ins Erwachsenenalter zu begleiten. Ich spreche ganz bewusst von „Begleitung" und nicht von „Erziehung", weil die Erziehung eines *Kindes der Neuen Zeit* im Vergleich zur gängigen Kindererziehung so ganz anders verläuft und so völlig andere Anforderungen stellt. Die *Kinder der Neuen Zeit* möchten alles erklärt haben, als gleichberechtigt betrachtet werden und folglich in einer sinnvollen Zusammenarbeit mit ihren Eltern erwachsen werden. Ein solcher Prozess lässt sich besser mit dem Wort „Begleitung" in Worte fassen als mit dem traditionellen Wort „Erziehung", das alle möglichen alten Assoziationen und Gefühle weckt.

Die *Kinder der Neuen Zeit* wollen als Mensch – und alte Seele – respektiert werden, die schon viel weiß. In der Tat wissen sie ebenso viel wie ihre Eltern oder Erziehungsberechtigten, sie müssen sich nur wieder daran erinnern. Sie möchten auch am liebsten gleich jetzt erwachsen sein und die Phase des Kind-Seins überspringen. Das geht natürlich nicht, zeigt aber, dass sie sich mehr mit den zukünftigen Erwachsenen identifizieren, die sie sein werden, als mit dem Kind, das sie im Augenblick – noch – sind. Das führt automatisch dazu, dass sie sich mit ihren Eltern mehr auf einer Ebene der Gleichberechtigung verbunden fühlen als auf der Höhe des unmündigen Kindes, das von allwissenden Eltern erzogen wird.

Ihre Erziehung ist mit Sicherheit nicht leicht. Erwachsene können dem *Kind der Neuen Zeit* mit ihrer Art der Erziehung, der Bildung und der Begleitung unabsichtlich so leicht im Weg stehen. Die Kinder ihrerseits wiederum können sich so leicht falsch entwickeln, weil sie nicht verstanden und respektiert werden, und die Erwachsenen es ihnen in ihrem Umfeld unbewusst – sie tun es ja nicht mit Absicht – schwer, ja sogar unmöglich machen, die Menschen zu werden, die sie im Grunde sind. Folglich machen sie es ihnen auch schwer, ihre Mission zu erfüllen. Die Erwachsenen im Umfeld des Kindes handeln niemals absichtlich so, doch es ist eine ganz neue und damit oft auch so unklare Aufgabe, *Kinder der Neuen Zeit* ins Erwachsenenalter zu begleiten.

Die Erziehung eines Kindes der Neuen Zeit ist manchmal eine schwere Aufgabe

Die Tatsache, dass die Erziehung eines *Kindes der Neuen Zeit* hohe Anforderungen an die Eltern stellt, ist natürlich nur eine Seite dieser Medaille. Ebenso wahr ist, dass das *Kind der Neuen Zeit* aus der Sicht der Eltern von diesen schon sehr viel fordert. Dr. Edith Klasen aus München, Ärztin für Psychiatrie und klinische Psychologie, schreibt: „Die Mütter ertragen das Kind, das oft im Mutterleib bereits besonders aktiv ist und als Säugling schon Schwierigkeiten beim Füttern, Schlafen und Essen bereitet. Sie müssen damit leben, dass ihr Kind dauernd heult und schreit, seinen Kopf rhythmisch in seinem Bettchen gegen das Gitter schlägt, nicht auf dem Arm getragen werden will, Liebkosungen abwehrt, der Mutter dauernd Sorgen bereitet und sie „auf Trab" hält."

Ähnliche Probleme beschreibt Klasen in der Kleinkindzeit. Sie erzählt, dass das Umfeld, die Kindergärtnerin, die Familie und Bekannte der Mutter regelmäßig folgende Botschaft übermitteln: „Du versagst bei der Erziehung. Du passt nicht auf. Du hast das Kind nicht unter Kontrolle. Wenn *mein* Kind sich so benehmen würde!"

Auf diese Weise verlieren Mütter natürlich allmählich ihr Selbstvertrauen und wissen sich immer weniger Rat bei ihrem Kind.[69]

Auch wenn das Kind in die Schule geht, scheinen sich die Probleme nur so aufzutürmen: „Das Kind lehnt jegliche Autorität ab, setzt sich über Gebote und Verbote hinweg und möchte die Verhaltensregeln des Familienlebens mit aller Gewalt zu seinem eigenen Vorteil verändern."

Es geschieht mit sicherer Regelmäßigkeit, so erklärt Klasen, dass die Eltern einander in ihrer Verzweiflung die Schuld an den Problemen mit dem Kind zuschieben: Ein Wirrsal von Emotionen, das letztendlich auf eine Scheidung hinausläuft.

Glücklicherweise führt die Geburt eines *Kindes der Neuen Zeit* längst nicht immer zu solch extremen Situationen. Doch es kommt, laut Klasen, mit großer Regelmäßigkeit vor. Das ist dann wiederum ein Hinweis auf die Tatsache, dass die Erziehung eines *Kindes der Neuen Zeit* hohe Anforderungen an die Eltern stellt.

Das Tragische daran ist, dass eine der wichtigsten Ursachen für dieses Verhalten des Kindes im soeben genannten Beispiel die Reizüberflutung ist. Es gibt viele Eindrücke, die ein *Kind der Neuen Zeit* automatisch in sich aufnimmt.[70] Ich bezeichne das als „tragisch", weil dies etwas ist, an dem Sie als Eltern sehr wohl etwas verändern können. Doch das ist natürlich nur möglich, wenn Sie als Eltern im Lauf der Zeit verstehen, dass das Verhalten Ihres Kindes vor allem auch eine Folge des Zuviels an Eindrücken und Reizen ist. Daher beginne ich meine Ratschläge für die Erziehung zunächst mit einer Reihe von einfachen Tipps, wie das Kind trotz der Reizüberflutung lernen kann, die Ruhe zu bewahren und so mit all den Reizen umzugehen, dass es nicht aus dem Gleichgewicht gerät. Dabei sollten wir uns übrigens darüber klar werden, dass Kinder der heutigen Zeit eine erhebliche Menge an Reizüberflutung verkraften müssen. Das gehört zur heutigen Zeit und zur heutigen Entwicklung dazu. Doch es gibt Momente, da sie im Meer der Reize zu ertrinken drohen. Es geht darum, dass sie sich dieser Momente bewusst werden und lernen, wie sie damit umgehen können.[71]

Im Anschluss an die ersten fünf Punkte oder Tipps, die ich im Folgenden anführe und die dem Kind helfen können, auf sinnvolle Weise mit der Reizüberflutung umzugehen, folgen weitere Tipps, die im Rahmen der Erziehung/Begleitung wichtig sind.

1. *Massieren Sie Ihrem Kind regelmäßig den Körper und beginnen Sie damit so früh wie möglich, schon ab der Säuglingszeit.*
Massagen helfen dem Kind, besser in seinen Körper zu kommen. Wir haben weiter oben schon festgestellt, dass eine besondere Eigenheit des *Kindes der Neuen Zeit* darin besteht, dass seine geistigen Körper – der Ätherleib und der Astralleib – etwas lockerer an seinem physischen Körper anhaften als bei anderen Kindern (und Erwachsenen). Doch je loser diese sitzen, desto empfänglicher wird das Kind für Einflüsse von außen. Massage hilft, um diese beiden geistigen Körper wieder etwas stärker mit dem physischen Leib zu verbinden, und schottet das Kind etwas mehr von äußeren Reizen ab.

Natürlich stimuliert die Massage auch die Verdauung – diese ist die körperliche Seite der Verarbeitung: Je besser nämlich die Verdauung funktioniert, desto besser kann man auch die geistigen Eindrücke verwerten und „verdauen". Gute Bücher und/oder Informationen über Babymassage sind übrigens im Internet leicht zu finden und im Buchhandel erhältlich.

Dass Massage ein wichtiges Hilfsmittel ist, wurde auch in einer Untersuchung bei Frühgeburten deutlich: „Frühgeburten, die nur fünf Tage lang dreimal täglich massiert werden, entwickeln sich konstant besser als genauso zarte Babys, die nicht massiert werden. Auch Babys, die zum Termin geboren wurden, sowie ältere Babys scheinen davon zu profitieren.[72]

2. *Bringen Sie Ihrem Kind bei, bewusst zu atmen*
Wenn wir in belastende, schwierige oder schmerzhafte Situationen geraten, stockt uns der Atem oder wir atmen flacher. Statt mit dem Bauch Luft zu holen, tun wir das mit der Brust. Doch wenn unsere Atmung unterbrochen oder flacher wird, wird auch die Verbindung

zu unseren Gefühlen unterbrochen, die im Bauch sitzen, und wir geraten aus der Fassung. Es ist also wichtig, dass man dem Kind zeigt, wann es die Atmung unterbricht oder zu flach atmet. Das Kind entdeckt dann automatisch, dass es sich dadurch von sich selbst entfernt und den Kontakt zum eigenen Wesenskern verliert. Bringen Sie folglich dem Kind einige einfache Techniken bei, wie es wieder mit dem Bauch atmen und damit schwierige Situationen besser meistern und wie es sich mit seinem eigenen Wesenskern verbinden kann. Auch Literatur über Atemtechniken ist im Internet und im Buchhandel leicht zu finden.

3. *Meditieren Sie selbst, beten Sie und machen Sie Übungen, um in der eigenen Kraft zu bleiben und aus Ihrem eigenen Wesenskern heraus leben, reagieren und das Kind begleiten zu können.*

Wie wir weiter oben gesehen haben, reagieren die *Kinder der Neuen Zeit* unfehlbar auf ihre Eltern. Sind diese innerlich gelassen und ausgeglichen, dann kommen auch die Kinder ins Gleichgewicht. Sind die Eltern aus dem Gleichgewicht geraten, dann wird das bei den Kindern auch bald der Fall sein. Sie reagieren ja auf ihre Eltern wie ein Spiegel. Daher ist es für die *Kinder der Neuen Zeit* so wichtig, dass ihre Eltern auch geistig gut für sich selbst sorgen. Wer gut für sein Kind sorgen möchte, muss erst einmal gut für sich selbst sorgen! Yoga, tägliche Meditationen, Entspannungsübungen und sportliche Betätigung wirken dabei äußerst unterstützend. Außerdem können Sie Ihr Kind bei diesen täglichen Körperübungen mit einbeziehen und auf diese spielerische Weise dem Kind auch selbst die Bedeutung dieser Übungen beibringen.

4. *Sorgen Sie für feste Regeln und Strukturen und setzen Sie Grenzen.*

Im vorangegangenen Kapitel haben wir bereits festgestellt, wie wichtig es ist, Grenzen zu setzen. Daran schließt sich die Notwendigkeit einer festen Struktur an. Weisen Sie dem Kind jeden Tag denselben Platz am Esstisch zu, schicken Sie es jeden Tag zu einer

festen Uhrzeit ins Bett, lassen Sie es beispielsweise immer die gleichen glasklaren Aufgaben im Haushalt erfüllen und verändern Sie
diese nicht leichtfertig. Es geht um Klarheit und um einen festen
täglichen Rhythmus als Gegengewicht zum Chaos der Impulse, die
jeden Tag von außen einstürmen. Ein spontan geplanter Besuch bei
Oma am kommenden Wochenende kann für das *Kind der Neuen
Zeit* für Chaos sorgen. Ein solches Vorhaben muss lange vorher
angekündigt werden, damit es nicht im Kopf des *Kindes der Neuen
Zeit* für Unruhe sorgt. Natürlich braucht nicht jedes *Kind der Neu-
en Zeit* diese Klarheit in dieser strengen Form, doch den meisten
Kindern schenkt dies wirklich Kraft und Hilfe im Umgang mit der
Fülle an täglichen Eindrücken.

5. *Bringen Sie den Kindern bei, sich zu erden
   oder mit dem Boden zu verbinden.*

Es gibt verschiedene Möglichkeiten, um zu lernen, sich besser zu
erden oder mit dem Boden zu verbinden. Wie wichtig das ist, habe
ich bereits im 2. Kapitel unter Punkt 7 beschrieben. An dieser Stelle
habe ich auch auf mein Buch „Tien Levenslessen voor deze tijd"
(„Zehn Lebenslektionen für unsere Zeit") verwiesen.[73] In jenem
Buch berichte ich, wie Kinder und Erwachsene es lernen können,
sich zu erden, indem sie sich mit irdischen Dingen beschäftigen,
wie Sport treiben, Reiten, Abspülen und Gärtnern. Außerdem helfen gezielte Entspannungsübungen dabei, sich zu erden, wie eine
gute Bauchatemübung, aber beispielsweise auch so etwas wie Du-
schen. Das reinigt nicht nur den physischen Körper, sondern auch
den Ätherleib und schwemmt dabei Reste von allen möglichen
Reizen mit weg. Auch Visualisierungsübungen sind wichtig zum
Erden sowie Übungen, um sich selbst abzuschotten (beispielsweise
indem man einen goldenen Kreis um sich herum visualisiert). Auch
Übungen, um alles loszulassen, wofür Sie nicht verantwortlich sind,
erweisen sich als hilfreich.

6. Verwöhnen Sie Ihr Kind nicht zu sehr!

Kinder der Neuen Zeit lieben es gar nicht, wenn man sie verwöhnt. Schlimmer noch: Sie können das gar nicht ertragen. Sie möchten ja als ebenbürtig betrachtet werden, weil sie sich eigentlich schon wie ein kleiner Erwachsener fühlen – mehr als Erwachsener denn als Kind.

Wenn das Kind etwas älter wird, will es gern – und das kann schon in ganz jungen Jahren sein! – zusammen mit seinen Eltern Entscheidungen fällen und gemeinsam Absprachen treffen. Dies geschieht aus einer gleichberechtigten Überlegung heraus, weshalb es auch selbst bestimmen möchte, welche Strafe es in bestimmten Situationen verdient hat! Das verlangt natürlich von den Eltern eine ganz neue Haltung, verglichen mit dem alten Erziehungsstil. Es verlangt von den Eltern, von ihrem Podest herabzusteigen und das Kind auch wirklich als gleichberechtigt zu betrachten. Die Eltern müssen allerdings die Tonangebenden bleiben, damit sie in bestimmten Situationen Klarheit schaffen und Grenzen setzen können. Der eigentliche Schwierigkeitsgrad dieser Aufgabe liegt darin, zugleich die Gleichberechtigung zu wahren und energisch Grenzen zu setzen. Das ist für alle Eltern eine unangenehme Herausforderung und neue Aufgabe, die kaum einer von ihnen als Kind gelernt hat.

7. Suchen Sie bei Konflikten gemeinsam nach einer Lösung.

Bei Konflikten und Streit (zwischen Eltern und Kind) ist es wichtig, dass man nicht so lange streitet, bis einer von beiden Parteien seinen Willen bekommt. Stoppen Sie den Zank oder Streit mit Worten, nehmen Sie sich beide genug Zeit, um abzukühlen, und gehen Sie anschließend gemeinsam auf die Suche nach einer Lösung, mit der beide Parteien Frieden schließen können – die sogenannte „Winwin-Situation". Dann gibt es keinen Verlierer und Gewinner, sondern beide Seiten haben gewonnen.

8. Vertrauen ist die Basis jeder Begleitung oder Erziehung

Nach allem bereits Gesagten lautet die Frage nun: „Wie überleben die Eltern eigentlich dieses Kind, das nun einmal keine Erziehung im klassischen Sinne braucht?" Das geht nur, indem man einander wirklich vertraut. Die Eltern müssen dem Kind, und dieses muss umgekehrt seinen Eltern vertrauen können. Nimmt man das Vertrauen als Ausgangspunkt für die Erziehung, so ist für alle – sowohl für die Eltern als auch für das Kind – genug Raum, damit jeder er selbst sein kann. Auch wenn die Eltern das Kind nicht immer verstehen, so vertrauen sie dem Kind doch wirklich und akzeptieren seine andere Weise zu denken, zu leben, zu fühlen und mit dem Leben umzugehen. Sie machen innerlich kein Fragezeichen dahinter, sondern vertrauen darauf, dass ihr Kind auf diese ganz eigene Weise seinen persönlichen sinnvollen Weg im Leben finden wird. Dank dieser respektvollen Haltung und dem Vertrauen der Eltern gegenüber ihrem Kind wird dieses wiederum im Gegenzug auch seinen Eltern vertrauen können.

Ein solches Vertrauen ist nicht selbstverständlich. Nur derjenige, der sich selbst vertraut, kann anderen Menschen auch Vertrauen entgegenbringen. Nur wer sich selbst nicht von der Angst leiten lässt, wird dem anderen Vertrauen schenken können. Das bedeutet folglich, dass Eltern an sich selbst arbeiten müssen, um ihrem Kind auch wirklich echtes Vertrauen schenken zu können. Sie müssen lernen, ihre Ängste loszulassen und es zu wagen, auf ihre eigene Kraft zu vertrauen. Nur dann wird das Vertrauen, das sie ihrem Kind gern schenken möchten, auch ein echtes, verlässliches Vertrauen sein!

Das Faszinierende ist, dass wir bei allen unseren Überlegungen immer wieder auf dieselben Grundmuster stoßen – in diesem Fall auf die Tatsache, dass die *Kinder der Neuen Zeit* ihre Eltern immer wieder dazu anregen, an sich selbst zu arbeiten!

9. Bleiben Sie empfindsam und offen!

Die große Frage bei jeder Form der Erziehung – also auch von Kindern, die keine *Kinder der Neuen Zeit* sind – ist natürlich die Frage, wie wir unsere Kinder so erziehen können, dass sie uns spontan ihre Weisheit und Liebe entgegenbringen können und es auch wagen, dies zu tun. Das können sie nur, wenn wir selbst es wagen, empfindsam, offen und verletzlich zu sein. Es ist also wichtig, dass wir uns selbst fragen, ob wir es wirklich wagen, verletzbar zu sein, und, falls wir es nicht wagen, uns zu fragen, was wir tun können, um dies zu werden. Wenn wir so verletzbar, offen und empfindsam mit uns selbst und mit unseren Kindern leben, schaffen wir eine Atmosphäre, in der auch das Kind es selbst sein kann und sich nicht aus Selbstschutz verschließen und in sich selbst zurückziehen muss. Wenn wir so mit uns selbst und den Lektionen umgehen, die unsere Kinder uns präsentieren, so wachsen wir automatisch an der Begleitung, die wir unseren Kindern schenken dürfen.

Nun sind die Lektionen, welche die *Kinder der Neuen Zeit* uns bescheren, sehr ausgeprägt – sie verändern uns wirklich! Daher ist es eine sinnvolle Aufgabe, wenn wir uns ab und zu einmal Zeit nehmen und über folgende Fragen nachdenken: „Wie hat uns unser Kind verändert? Was haben wir von unserem Kind gelernt, und inwiefern sind wir wirklich zu anderen Menschen geworden?" Wenn wir diese Fragen zulassen, werden wir wahrscheinlich schnell mit Staunen feststellen, wie sehr wir an unseren Kindern gewachsen sind; und dieses Staunen wird neuen Respekt und eine noch tiefere Liebe für unsere Kinder wachrufen.

10. Gönnen Sie Ihrem Kind seine eigenen Essgewohnheiten.
Carolina Hehenkamp schreibt: „Sorgen Sie dafür, dass Sie Ihrem Kind gesunde, am besten biologisch angebaute Nahrungsmittel geben, doch lassen Sie es ruhig auch Junkfood essen – meist kann das Kind Ihnen erklären, warum das Junkfood in einem bestimmten Moment gut für es ist. Weil seine Leber genetisch bedingt anders ist, hat sein Körper keine Schwierigkeiten damit, es zu verarbeiten. Lernen Sie, Vertrauen zu haben. Ich habe Indigo-Kinder erlebt, die seit ihrem dritten Lebensjahr Cola trinken wollten und das auch durften. Diese Kinder sind zu gesunden, starken Teenagern herangewachsen. Indigo-Kinder essen am liebsten mehr als dreimal am Tag, jedoch kleinere Portionen – damit wird der Kühlschrank meist zum Selbstbedienungsladen.[74]

Carolina Hehenkamp berichtet auch folgende Geschichte, die ihr eine Mutter über ihren kleinen Sohn anvertraute: „Sogar als mein kleiner Sohn noch klein war, sagte er schon immer genau, was er essen und wie er es haben wollte. Ich wollte alles richtig machen und mein Kind gut ernähren, mit der Folge, dass wir jeden Tag aufs Neue schrecklich in Streit gerieten. Nach einiger Zeit beschloss ich einfach, Vertrauen in ihn zu haben und ihn seine eigenen Wege gehen zu lassen. Ich bereitete zu, was er haben wollte. Eines Tages sagte er zu mir, dass er Cola trinken müsse, weil das gut für ihn sei. Als ich zu erklären begann, dass Cola nicht gesund sei, sagte er in ernstem Tonfall zu mir: *„Mama, das stimmt, für dich ist es auch nicht gesund, du darfst es nicht trinken. Aber bei mir ist es anders. Mein Körper braucht es. Für mich ist es gesund."* Ich musste mich entscheiden – und entschied mich dafür, meinem Kind zu vertrauen. Jetzt ist mein Sohn 19 Jahre alt und kerngesund. Im Nachhinein bin ich sehr froh, dass ich beschlossen habe, ihm zu vertrauen."[75]

Wir sehen an diesen beiden Beispielen, dass es ums Vertrauen geht – darum, wirklich darauf zu vertrauen, dass ein *Kind der Neuen Zeit* weiß, was gut für seinen Körper ist und was nicht. Dabei müssen Eltern lernen, ihre eigenen Ansichten einmal beiseite zu lassen, um den oft so anderen Ansichten ihres Kindes Vertrauen schenken zu können. Vertrauen bedeutet nämlich auch, dass Eltern wirklich glauben, dass ihr Kind in gewisser Hinsicht weise ist und Dinge weiß, die sie (noch) nicht wissen. Dieses Vertrauen bedeutet auch, dass Eltern ihr Kind mit seinen eigenen Entscheidungen genauso respektieren, wie sie ihren guten Freundinnen oder Freunden bei ihren Entscheidungen vertrauen.

11. Vergegenwärtigen Sie sich immer wieder eines – Ihr Kind hat Sie ganz bewusst als Eltern gewählt!

Es ist wichtig, dass Sie sich selbst immer wieder vergegenwärtigen, dass Ihr Kind sich ganz bewusst für Sie als Vater und/oder Mutter entschieden hat. Ihr Kind wusste und vertraute darauf, dass es bei Ihnen die beste Erziehung bekommen würde, um später, gut gerüstet, seine Lebensmission erfüllen zu können. Es ist eine Liebestat, die vom großen Vertrauen zeugt, mit dem es Ihr Kind gewagt hat, bei Ihnen Kind zu sein und somit sein verletzliches Lebensschicksal in Ihre Hände legen möchte. Wenn Sie sich das regelmäßig vor

Augen halten, helfen diese Erkenntnis und das dadurch ausgelöste Staunen und die Dankbarkeit Ihnen immer wieder, die verschiedensten Hindernisse zu überwinden und nicht in Verbitterung (etwa Wut, die sich festgesetzt hat) oder in ein Gefühl der Ohnmacht zu versinken bzw. sich sogar von Ihrem Kind abzuwenden. Letzteres kommt viel öfter vor, als wir denken, ist jedoch noch ein großes Tabuthema und wird daher selten laut angesprochen!

Wenn Sie staunend innehalten, dass Ihr Kind Sie bewusst und im vollen Vertrauen auf Sie als Eltern gewählt hat, hilft Ihnen das, die Liebe in Ihrem Herzen immer wieder neu „aufzupolieren" und in neuem Glanz erstrahlen zu lassen. Diese Liebe ist letztendlich das Einzige, worum es geht. Die Liebe überwindet ja jedes Hindernis – und das ist mit Sicherheit nicht einfach so eine abgedroschene Phrase, sondern ganz im Gegenteil die tragende Basis unseres Lebens.

12. Bitten Sie Ihr Kind um Hilfe.
Es ist wichtig, dass Sie Ihr Kind als ebenbürtig betrachten und bei Ihren Entscheidungen mit einbeziehen. Überlegen Sie gemeinsam mit Ihrem Kind und stülpen Sie ihm nicht einfach einen Beschluss über. Sie können dabei sogar noch einen Schritt weitergehen und Ihr Kind um Hilfe bitten, wenn Sie einmal selbst gerade nicht mehr weiterwissen. Eine Mutter erzählt, dass sie auch einmal nicht mehr ein noch aus wusste, weil ihr fünfjähriger Sohn alles verweigerte. Er weigerte sich zu essen, er weigerte sich, sich an den Tisch zu setzen, er weigerte sich, ins Bett zu gehen – er war einfach in allem ein Querkopf. Mit ihrem Latein am Ende, fragte sie ihn: „Was würdest denn du jetzt machen, wenn du deine Mutter wärst?" Ihr Sohn antwortete ohne nachzudenken: *„Ich würde ihn in sein Zimmer schicken und ihn dort so lange lassen, bis er wieder abgekühlt ist. Denn er muss einfach wieder zu sich selbst kommen, damit er wieder umgänglich ist."* – und das mit fünf Jahren! Die Mutter reagierte darauf mit den Worten: „Wollen wir das dann jetzt mal tun?" Ihr Sohn nickte, verließ den Raum und ging nach oben in sein eigenes Zimmer. Er blieb dort mehrere Stunden lang, eben so lange, bis er selbst spürte, dass er wieder zu sich selbst gekommen war.

Kinder der Neuen Zeit verfügen, wie wir schon erfahren haben, über eine große Fähigkeit zur Selbsterkenntnis und sind auch ehrlich genug, diese auszusprechen, sowie mutig genug, die Konsequenzen daraus zu ziehen. Es liegt eigentlich ganz offen auf der Hand, dass Sie öfter davon Gebrauch machen und Ihr Kind um Hilfe fragen können! So wird Ihr Kind gleichsam Ihr Partner bei der Erziehung.

13. Bringen Sie Ihrem Kind Respekt entgegen.
Respekt bedeutet, dass Sie Ihrem Kind keine einzige normale Maß-regel oder sonstige Bevormundung auferlegen, ohne dass Sie ihm deutlich erklärt haben, warum Sie das tun. Respekt bedeutet auch, dass Sie, wenn es um wichtige Entscheidungen geht, Ihr Kind zuerst fragen, ob es damit auch einverstanden ist.[76]

Respekt bedeutet darüber hinaus auch, dass Sie Ihrem Kind ge-genüber ehrlich sind, was Ihre eigenen Ängste und Unsicherheiten betrifft. Wenn Sie in diesem Punkt nicht offen sind, wird das Kind Sie geringschätzen, weil es nun einmal unfehlbar weiß, was in Ihnen vor sich geht, und somit wirklich genau weiß, dass Sie Angst haben oder unsicher sind.

Zu guter Letzt bedeutet Respekt auch, dass Ihr Kind immer weiß, woran es ist, und nicht mit unerwarteten Emotionen, Beschlüssen und Veränderungen konfrontiert wird. Letzteres ist auch ausschlag-gebend dafür, wie viel Sicherheitsgefühl Sie Ihrem Kind vermitteln.

14. Kehren Sie an Ihrem Kind nicht das Besondere
   heraus und verpassen Sie ihm kein „Etikett"!
Ich habe verschiedentlich Eltern erlebt, die ihr Kind angehimmelt haben, weil es ihrer Meinung nach ein solch besonderes Kind war, das absolut Eindruck erweckende Fähigkeiten besaß. Es war tra-gisch mitanzusehen, wie ihr Kind sich innerhalb kürzester Zeit zu einem widerlichen, arroganten Kind entwickelte, das auf dem höchs-ten Ross saß. Tun Sie das bitte Ihrem Kind nicht an! Sehen Sie Ihr Kind nach wie vor als das, was es ist – einfach ein Kind! Kehren Sie nicht das Besondere an ihm heraus, in welcher Hinsicht auch immer!

13.

Die schwachen und starken Seiten des Kindes der Neuen Zeit

Als ich die Beispiele für dieses Kapitel über die schwachen und starken Seiten der *Kinder der Neuen Zeit* gesammelt hatte, fiel mir selbst auf, dass diese Beispiele vor allem Beispiele für erwachsene *Kinder der Neuen Zeit* sind. Es ist eigentlich auch ganz logisch: An Erwachsenen können wir ablesen, worauf eine bestimmte Lebenseinstellung hinauslaufen kann und wie sich im späteren Leben die starken und die schwachen Seiten dieser Lebenshaltung herauskristallisieren werden. Außerdem kann sich jeder anhand der Beispiele selbst überlegen, wie das eigentlich bei Kindern ist – meist nicht viel anders, möglicherweise einfach nur etwas weniger ausgeprägt.

Lernen, selbst zu entscheiden, ob man sich in den anderen hineinversetzen möchte oder nicht

Wir haben festgestellt, dass *Kinder der Neuen Zeit* sich leicht in einen anderen Menschen hineinversetzen können. Daher werden sie, wenn sie einmal erwachsen sind, oft ehrenamtliche Berater – Menschen, welchen man gern sein Herz ausschüttet. Weil sie von innen heraus über eine gewisse Weisheit verfügen und so leicht spüren, was der andere eigentlich sagen möchte – auch wenn dieser in jenem Augenblick vielleicht selbst noch nicht die richtigen Worte finden kann – sind sie für andere ein großes Geschenk. Allein schon die Tatsache, dass Menschen sich bei jemandem aussprechen können, der ohne Urteil und ohne Worte spürt, was sie eigentlich sagen möchten, wirkt schon heilsam. Während sie dann reden und das *Kind der Neuen Zeit* zuhört, finden viele ganz automatisch eine Antwort auf ihre Fragen – eine Antwort, die sie nicht hätten finden können, wenn da nicht dieser ganz besondere Zuhörer gewesen wäre. Die neue Art des Zuhörens des *Kindes der Neuen Zeit* oder seine Art des so intensiven Zuhörens, indem er den anderen mit seinem Astralleib umfängt, wirkt wie ein Magnet. Viele suchen die Nähe dieses besonderen Zuhörers/ dieser besonderen Zuhörerin und möchten das Wohlgefühl genießen, das er/sie ausstrahlt.

Das Zuhören gehört also zu den starken Seiten des *Kindes der Neuen Zeit*: Es ist heilsam, von tiefer Zuwendung und somit von Liebe erfüllt. Es kann dem anderen so viel Gutes bescheren. Doch diese besondere Fähigkeit des Zuhörens birgt für das *Kind der Neuen Zeit* auch eine Gefahr in sich, nämlich die, dass es sich zu weit nach dem anderen ausstreckt und dadurch die Verbindung zu seinem eigenen Wesenskern verliert. Sich selbst zu verlieren, ist eine der größten Gefahren, welche die *Kinder der Neuen Zeit* ständig bedrohen. Diese Kinder müssen sich der Gefahr bewusst werden, um ihr rechtzeitig entgegenwirken zu können. Sie werden ein ganzes Leben lang daran arbeiten müssen, dass sie sich im Kontakt mit dem anderen nicht selbst verlieren.

Ein erwachsenes *Kind der Neuen Zeit* schreibt: *„Ich kann mich ganz leicht in einen anderen Menschen hineinversetzen. Aber ich habe entdeckt, dass ich das während des Zuhörens auch stoppen oder abstellen kann. Dann höre ich mit viel mehr Abstand zu und lasse die Dinge nicht ganz in mein Innerstes. Ich habe gelernt, meine Fähigkeit zuzuhören an- und auszuschalten. Das Gegenüber merkt davon meist gar nichts. Ich sage ‚Stopp!' zu mir selbst, sobald ich spüre, dass ich mit dem anderen, dem ich zuhöre, zu sehr verschmelze. So habe ich gelernt, mich selbst zu beschützen, vor allem, wenn der andere zum hundertsten Mal dieselbe Geschichte erzählt, in der Opferrolle feststeckt und nur noch meine Zuwendung haben will."*

Die *Kinder der Neuen Zeit* müssen sich diese Fähigkeit, selbstbewusst entscheiden zu können, wann sie sich in ihr Gegenüber hineinversetzen möchten oder wann nicht, allmählich durch die Lektionen des Lebens aneignen. Sie bekommen das nicht schon von Geburt an mit. Es ist für sie wirklich lebenswichtig, sich diese Fähigkeit anzueignen, denn wenn sie es nicht tun, werden sie oft das Gefühl bekommen, durch die Geschichten, die andere über sie ausgießen, überlastet zu werden. Sie werden auch regelmäßig übermüdet sein und ab und zu denken: „Warum muss immer ich den anderen zuhören, und warum hört mir nie jemand mir zu?"

Die *Kinder der Neuen Zeit* werden also lernen müssen, nicht nur anderen Zuwendung zu schenken, sondern diese auch für sich zu fordern!

Nicht jeder ist deine Freundin oder dein Freund!

Das *Kind der Neuen Zeit* ist sehr beliebt und bekommt (vor allem im späteren Leben) viele Freunde, Bekannte und andere Menschen, die in irgendeiner Weise seine Zuwendung und Nähe suchen. Das ist logisch; denn eine Freundin oder einen Freund, der uns echte Zuneigung schenkt, finden wir nicht so leicht. Also strömen viele ganz automatisch auf solch eine Person zu. Doch das ist noch nicht alles: Das Kind der Neuen Zeit genießt freundschaftliche Gefühle für alle Menschen, mit welchen es Umgang hat. Es kann allerdings nur schwer zwischen Geschäftskontakten und Freundschaften unterscheiden. Er fühlt sich ja auf einer ganz tiefen Ebene mit allen Menschen in Liebe und Freundschaft verbunden.

Es ist klar, dass eine solche Lebenseinstellung das Kind – und vor allem den späteren Erwachsenen – vor Probleme stellt. Es gibt so viele Menschen in seinem Umfeld, welchen es Zuwendung schenken möchte (und welchen es seinem Gefühl nach Zuwendung schenken *muss*), dass es nur noch am Arbeiten und Herumrennen ist, um alle diese Kontakte richtig zu pflegen. Auch das müssen *Kinder der Neuen Zeit* also lernen: Etwas öfter „Nein" zu sagen, zu entdecken, dass nun einmal nicht alle Menschen Freundinnen und Freunde sind, und sich nicht von ihrem Helfersyndrom verleiten zu lassen, das immer wieder blitzartig emporschießt. Das erwachsene *Kind der Neuen Zeit*, das ich weiter oben bereits zitiert habe, schrieb mir ihre Erkenntnisse zu diesem Aspekt, zu welchen sie in ihrem Leben gekommen ist, indem sie immer wieder aufgestanden ist, wenn sie gefallen war. Sie schrieb: *„Ich habe viele Freunde, vielleicht sogar zu viele. Es ist so leicht, Freundschaften zu schließen, doch das kann gefährlich sein, wenn man nicht richtig bei sich selbst bleibt. Das gilt vor allem auch für Geschäftsbeziehungen. So kostbar der andere einem auch ist und so viele freundschaftliche Gefühle man auch für den anderen hegen mag – Geschäftsbeziehungen kann man bei nüchterner Betrachtung schwer als „Freunde" behandeln. Werden Sie also nicht zum Sklaven Ihrer Freundschaft, sondern bleiben Sie Sie selbst. Freundlich zu sein, ist etwas anderes als Freundschaft, habe ich zu meinem Schaden und zu meiner Schande festgestellt."*

Auch an diesem Punkt sehen wir, wie die starken Seiten eines *Kindes der Neuen Zeit* zugleich auch seine schwachen Seiten sind. Ein *Kind der Neuen Zeit* muss sein Leben lang an sich selbst arbeiten, um dafür zu sorgen, dass seine starken Seiten auch wirklich seine starken Seiten bleiben und es nicht deren negativen Aspekten erliegt, nämlich der Last all dieser Menschen, die etwas von ihm wollen.

Hypersensitiv, aber so schnell ausgelaugt

Wir haben weiter oben bereits festgestellt, dass die *Kinder der Neuen Zeit* hypersensitiv sind. Sie spüren alles, auch die unausgesprochenen Dinge. Sie spüren die unterschwelligen Spannungen, sobald sie einen Raum betreten, in dem sich Menschen aufhalten. Sie wissen, was im Herzen des anderen vor sich geht. Ihre Sensitivität ist also ihre Kraft und Schönheit – eine ihrer starken Seiten.

Doch auch diese Fähigkeit hat ihre Kehrseiten, beispielsweise das Gefühl, „leergesaugt" zu werden, sowie eine regelmäßig wiederkehrende Müdigkeit. So erzählte ein Friseur: *„Du kannst dich von bestimmten Tätigkeiten, die an sich doch eigentlich gar nicht so ermüdend sein dürften, so müde und völlig ausgesaugt fühlen. Das kommt, so habe ich festgestellt, vor allem in Berufen vor, in welchen* *man viel Einfühlungsvermögen haben muss und außerdem noch mit vielfältigem Körperkontakt zu tun hat, wie etwa Schönheitsexperten, Therapeuten, Friseure, Pflegepersonal usw."* Ihre Hypersensitivität und die Tatsache, dass sie auf den anderen zu viel eingehen und es nicht gelernt haben, wie sie ihr Einfühlungsvermögen an- und ausschalten können, führen zu dieser extremen Müdigkeit. Übrigens merken diejenigen, die eine derartige Müdigkeit regelmäßig erfahren, dass diese beinahe schlagartig wieder weg ist, sobald der Klient wieder zur Türe hinaus ist oder der Gast das Haus verlassen hat.

Es ist seine (Hyper-) Sensitivität, die, wie wir bereits öfter beobachtet haben, das *Kind der Neuen Zeit* regelmäßig dazu bringt, mit all seiner Zuneigung auf die anderen einzugehen und sich gewissermaßen ganz mit dem anderen zu identifizieren. Doch wenn er das tut, verliert er leicht den Kontakt zu seinem Inneren oder die Verbindung zu seinem Wesenskern und gerät aus seinem geistigen Gleichgewicht. Er reicht damit zu weit zum anderen hinüber. *„Ab und zu kommt, wenn ich unter Menschen bin, so viel herein"*, erzählte ein junger Mann, *„dass ich am liebsten schreien könnte vor Ohnmacht, weil ich mich von all den Gefühlsströmen, die auf mich zufließen, belagert fühle."* Weiter oben haben wir festgestellt, dass eine der größten Gefahren, die ein *Kind der Neuen Zeit* bedrohen, darin besteht, dass es sich selbst verliert. Auch in diesem Beispiel erkennen wir das wieder.

Zusammenfassend können wir sagen, dass ein *Kind der Neuen Zeit* besondere Talente hat, was das Einfühlen in andere Menschen betrifft. Seine Schwäche in dieser Hinsicht ist jedoch die Tatsache, dass er sich sehr schnell „ausgelaugt" fühlen kann und den Kontakt mit seinem Inneren zu verlieren droht.

Intensive Gespräche, kein Smalltalk!

Das *Kind der Neuen Zeit* erträgt oberflächliche Gespräche nur schwer. Es möchte am liebsten über das sprechen, was es beim anderen im Inneren spürt, über die Inspirationen, die in ihm arbeiten, und über seine Leidenschaften – das, wofür er lebt.

Das *Kind der Neuen Zeit* liebt intensive, tiefe Gespräche, die ihm neue Erkenntnisse bringen und seine Seele inspirieren. Es wächst an diesen Gesprächen und entwickelt sich dadurch – mehr als durch jede beliebige Form von Erziehung – und kann sich dank solcher Gespräche bewusster mit dem verbinden, was als uraltes sicheres Wissen in ihm lebt.

Über Nichtigkeiten oder über alle möglichen oberflächlichen Dinge zu sprechen, ist für das *Kind der Neuen Zeit* eine beinahe unmögliche Aufgabe. Es ist ja – bewusst oder unbewusst – immer darauf fixiert, was im anderen vor sich geht, hinter seiner äußeren Fassade und darüber hinaus. Außerdem ist es bei allem, was es liest, hört und miterlebt, auf das ausgerichtet, was es als eigentliche Realität erfährt, die hinter der sichtbaren Wirklichkeit verborgen liegt. Es kann es auch nur schwer ertragen, wenn diese verborgene andere Seite und die eigentliche Wirklichkeit, die hinter dem Sichtbaren existiert, von jemandem verspottet, verborgen oder verschleiert wird. Denn solche Gespräche erlebt das *Kind der Neuen Zeit* oft: Eine Verschleierung verschiedener unterdrückter Gefühle, wie Kummer, Ohnmacht und Enttäuschung, und die Flucht vor den eigentlichen Fragen des Lebens. Gerade weil das *Kind der Neuen Zeit* intuitiv immer in Verbindung mit der tieferen, verborgenen Wirklichkeit steht, beschäftigen es vor allem die allgemeinen Fragen nach dem Sinn des Lebens, die zu dem durchdringen, was auf Erden und im Menschenleben wirklich vor sich geht. Für andere Menschen ist das meist schwierig. Sie verstehen nicht, warum ein *Kind der Neuen Zeit* immer so ernst sein und „herumgrübeln" muss. Sie wissen nun einmal nicht, was das *Kind der Neuen Zeit* sieht, sie sehen nicht, was es sieht, und sind sich dessen oft auch nicht bewusst. Um es etwas überspitzt und pauschal zu formulieren: Im Grunde klafft zwischen dem *Kind der Neuen Zeit* und dem „normalen" Menschen in dieser Hinsicht eine Kluft. *„Über die Dinge, die mich wirklich beschäftigen",* berichtete eine junge Frau, *„spreche ich nur mit ganz wenigen Menschen. Nur mit den ganz wenigen, die das respektieren und mich ernst nehmen. Dass ich im Wald mit einem bestimmten Baum spreche und in meinen Meditationen die*

Verbindung mit meinem Engel erlebe, kann ich nun einmal nicht vielen Menschen erzählen, und schon gar nicht meiner Familie. Auch warum die Homöopathie so viel besser ist als die Schulmedizin, wollen nur ganz wenige Menschen hören. Und doch bin ich mir ganz sicher, dass es die alte Schulmedizin nicht mehr lange machen wird und die Zukunft der neuen Heilkunde mit ihrem ganzheitlichen Ansatz gehört, die den Körper dabei unterstützen möchte, seine Krankheiten selbst zu überwinden."

Die Fähigkeit, weiter und tiefer zu blicken als andere Menschen – an den Äußerlichkeiten vorbei – darf man mit Sicherheit als eine Stärke des *Kindes der Neuen Zeit* bezeichnen. Ich bin tief davon überzeugt, dass sie, die *Kinder der Neuen Zeit*, unserer Gesellschaft den Weg in eine ganz neue Zukunft weisen werden, eine Zukunft mit einem anderen Wirtschaftssystem, einem anderen Umgang mit der Natur, einer anderen Form der Bildung, einer anderen Medizin usw. Doch die Kehrseite dieser Fähigkeit ist eine gewisse Vereinsamung und Ablehnung, die sie mit sicherer Regelmäßigkeit erleben.

Beim obigen Zitat fällt übrigens die eine Anmerkung jener jungen Frau auf, die sie fast wie beiläufig gemacht hat, nämlich, dass sie „schon gar nicht" mit ihrer Familie über ihre tieferen Gefühle und Erkenntnisse sprechen kann. Das erleben viele, hauptsächlich ältere *Kinder der Neuen Zeit*: Die Tatsache, dass sie von ihren Familienmitgliedern im Grunde wie durch eine tiefe Kluft getrennt sind, weil sie mit ihnen nur schwer oder gar nicht darüber sprechen können, was sie begeistert und inspiriert.

Dank dieser Erfahrung beginnen sie automatisch, den neuen Weg zu gehen, der uns früher schon von der traditionellen esoterischen Lehre gewiesen wurde, nämlich in dieser entscheidenden Übergangszeit allmählich zu lernen, mehr mit unseren geistigen Schwestern und Brüdern in Liebe und Gemeinschaft zu leben als mit den Schwestern und Brüdern, mit welchen wir nur durch Blutsbande verbunden sind. Wir gehen also vom Zeitalter, in dem für uns vor allem Blutsbande wichtig waren, in ein Zeitalter über, in dem die geistigen Bande für uns immer wichtiger werden. Glücklicherweise können sich auch Bande auf der Ebene der Blutsverwandtschaft zu geistigen Banden weiterentwickeln! Die *Kinder der Neuen Zeit* gehen uns in dieser Entwicklung voraus und erleben folglich automatisch eine gewisse Einsamkeit – die geistige Kluft, die sie von ihrer eigenen Familie getrennt hält.

Von der Autorität zur Gleichberechtigung

Es ist ganz auffällig, dass viele *Kinder der Neuen Zeit* später im Berufsleben Probleme mit dem autoritären Verhalten und der Struktur bekommen, die in dem Betrieb oder der Institution herrschen, in der sie arbeiten. Sie leiden unter der autoritären Form der Zusammenarbeit, unter der Unmöglichkeit, Eigeninitiative zu zeigen, und der vor allem sachlichen Arbeitsweise, die auf Menschen und deren Bedürfnisse keine Rücksicht nimmt, sowie auch unter der Macht der vielen Manager und der Tatsache, dass es in vielen Betrieben nur noch um eines geht: Geld, Geld und nochmals Geld. Daher kündigen viele ältere *Kinder der Neuen Zeit* irgendwann und schlagen einen neuen Weg auf einem Gebiet ein, auf dem sie ihr eigener Chef sein dürfen und Platz und Raum für ihre eigenen Ansichten ist.

Das bedeutet in der Praxis, dass viele beginnen, sich im kleinen Rahmen selbstständig zu machen. Die Anzahl der Kleinbetriebe von Selbstständigen ist in den Jahren stetig gestiegen. Derzeit gibt es eine Million Selbstständige ohne Personal, die sogenannten „Ich-AGs", und ihre Zahl steigt immer noch stetig an. Doch nicht allen *Kindern der Neuen Zeit* ist es gegönnt, eine neue Laufbahn zu finden, mit der sie besser zurechtkommen. Das ist beispielsweise nicht leicht für Lehrkräfte, Pflegepersonal, Ärzte oder Tierärzte. Für sie ist es oft nicht möglich, einen anderen Beruf zu finden, in dem sie als selbstständiger Einzelunternehmer arbeiten oder bedeutend mehr Freiraum für ihre eigenen Ideen und Visionen bekommen können.

Viele *Kinder der Neuen Zeit*, die mitten im Leben stehen und nur schwer eine andere Arbeit finden können, die besser zu ihnen passt, haben mir erklärt, dass sie unter der Struktur, in der sie arbeiten müssen, wirklich leiden. So müssen Lehrer z.B. den Vorschriften aus Den Haag (resp. Berlin, Bern oder Wien, Anm. d. Übers.) nachkommen und dürfen nur hier und da einmal spärlich ein klein wenig ihre eigenen Ideen einbringen. Kranken- oder Altenpflegekräfte müssen beispielsweise eine ältere Dame morgens stundenlang ungewaschen und ohne ihr Beachtung zu schenken liegen lassen, weil für persönliche Zuwendung keine Zeit ist. Tierärzte müssen gegen ihren eigenen Willen und wider besseres Wissen kranke schwangere Ziegen einschläfern, auch Ziegen, die wahrscheinlich gar nicht krank sind, nur weil es so angeordnet worden ist. Und so könnte ich noch eine ganze Weile lang weitermachen. Ich bin außerdem auch der Meinung, dass wir die Unzufriedenheit nicht unterschätzen dürfen, die im Augenblick bei vielen erwachsenen *Kindern der Neuen Zeit* schwelt. Es wird höchste Zeit, dass darauf mehr Augenmerk gerichtet wird.

Die Unzufriedenheit der *Kinder der Neuen Zeit* über die aktuelle Arbeitssituation hängt natürlich mit der Tatsache zusammen, dass sie meist andere, neue Ideen und Erkenntnisse haben und anders im Leben stehen – das ist ihre starke Seite, die freilich zugleich auch ihre schwache Seite ist, weil sie dadurch so viel Unzufriedenheit im Beruf ertragen müssen.

Glücklicherweise ist dies nicht alles, was es zu dieser Entwicklung zu berichten gibt; denn diese Unzufriedenheit und die Tatsache, dass so viele erwachsene *Kinder der Neuen Zeit* einen neuen Arbeitsplatz suchen und oft eine Ich-AG gründen, hat besondere Folgen. Es ist bemerkenswert zu beobachten, dass sie auch in dieser neuen Situation vernetzt mit anderen zusammenarbeiten – also auch, wenn sie kleine Selbstständige sind – dann jedoch auf eine ganz andere Weise: Auf einer Ebene der Freiheit und des Respekts. Das Faszinierende daran ist, dass sich viele dessen nicht einmal oder noch kaum bewusst sind, und doch ist es eine besondere, auffällige Entwicklung, dass diese älteren *Kinder der Neuen Zeit* dadurch gleichsam die ersten Schritte in eine andere, neue Art der Zusammenarbeit tun.

Bei dieser neuen Arbeitsweise geht es nicht mehr um Autorität, um „über oder unter mir", um „du musst" (z.B.: „Du musst zuhören und du darfst vor allem nicht selbst denken.") und folglich um Aspekte, die das Ego toll findet, sondern vielmehr um Gleichberechtigung und

Respekt und somit um Aspekte, die zum Höheren Selbst gehören. Außerdem zeigt sich, dass sie in dieser neuen Situation viel mehr Freiraum haben (und sich auch nehmen), um ihre eigenen Ideen und Erkenntnisse zum Ausdruck zu bringen. Dabei handelt es sich fast immer um Erkenntnisse, bei welchen es sich nicht nur ums Geld, um Gewinn und ums Haben dreht, sondern um Interesse an seinen Mitmenschen, um Menschlichkeit und um die Frage, wie Menschen in verschiedenen Situationen zu ihrem Recht kommen können.

Wenn wir diese Entwicklung betrachten – eine Entwicklung, der in den Medien übrigens immer noch kaum Augenmerk geschenkt wird – erkennen wir, dass nun bereits von unten an einer neuen Gesellschaft gearbeitet wird, in der wir auf eine neue Weise miteinander umgehen und zusammenarbeiten werden. Der Kern der neuen Zusammenarbeit umfasst Folgendes:

✿ dass jeder zuerst lernt, seine eigenen Ego-Spielchen unter Kontrolle zu halten, so dass diese die Zusammenarbeit nicht vergiften. Zuvor muss man diese Spielchen, die man mit sich selbst spielt, natürlich erst einmal erkennen!

✿ dass jeder von der Warte des Höheren Selbst aus die Verbindung zum anderen sucht. Auch dann werden wir regelmäßig Zugeständnisse machen müssen (das ist Grundvoraussetzung jeder Zusammenarbeit), doch wir sollten auch wissen, für welche Erkenntnisse wir aus der Kraft des Höheren Selbst heraus einstehen und worin wir folglich keine Zugeständnisse machen möchten.

Die neue Zusammenarbeit fordert also eine gehörige Portion Selbsterkenntnis und Bereitschaft, an sich selbst zu arbeiten! Ich denke, dass es eine der wichtigsten Lebensaufgaben der *Kinder der Neuen Zeit* ist, uns den Weg in diese neue Form der Zusammenarbeit zu weisen.[77]

Zwischen zwei Welten

Die oben skizzierte Entwicklung bringt es mit sich, dass die *Kinder der Neuen Zeit* immer wieder neue Impulse, neue Begegnungen und neue Ideen brauchen. Diese Lebenseinstellung wird ihnen ein Leben lang bleiben, sogar bis ins Rentenalter hinein. Sie haben nun einmal zwar ein Gaspedal, aber meist keine Bremse. Daher ist es für sie selbstverständlich, auch im betagten Alter noch neue Welten kennenzulernen, neuen Menschen zu begegnen und neue Freundschaften zu schließen, ihr Haus zu renovieren, sich in Entwicklungsländern zu engagieren usw. Für die *Kinder der Neuen Zeit* sind dies, im Gegensatz zu früheren Generationen, Selbstverständlichkeiten.

Warum suchen sie eigentlich immer wieder neue Herausforderungen, Impulse, Begegnungen und Ideen? Das hat auch mit der Tatsache zu tun, dass sie nun einmal ihre liebe Not damit haben, sich auf Gespräche, die sie öde finden, oder auf eine Arbeit, die sie nicht interessiert, zu konzentrieren. Wenn sie einmal etwas richtig erlernt haben, bedeutet es keine Herausforderung mehr für sie und ist öde geworden. So funktioniert das bei den meisten *Kindern der Neuen Zeit*. Sie haben dann auch Probleme, Tätigkeiten zu Ende zu bringen, die für sie keine Herausforderungen mehr bedeuten, und lassen des öfteren einmal Dinge unaufgearbeitet liegen.

Dank dieser Lebenseinstellung werden die *Kinder der Neuen Zeit* uns in Zukunft immer deutlicher zeigen, dass man auch im Alter sein Leben aktiv, dynamisch und mit geistiger Offenheit verbringen kann. Bis ins hohe Alter werden sie in der Gesellschaft aktiv bleiben, mit einem offenen Blick für die Nöte anderer und die Ausgestoßenen unserer Gesellschaft. Sie werden daher auch im höheren Alter neue Entwicklungen nicht behindern, sondern diese vielmehr aus ihrem Wissen heraus anregen, so weit es nur möglich ist.

Meiner Meinung nach brauchen die *Kinder der Neuen Zeit* diese Herausforderungen auch, um nicht in einer Art Tagträumerei zu versacken – eine Fähigkeit, die ihnen von Natur aus gegeben ist und sie innerhalb kürzester Zeit nur noch körperlich anwesend sein, im Geiste jedoch längst in ganz anderen Sphären schweben lässt. Neue

Herausforderungen ziehen sie in der Tat immer wieder zur Erde zurück. Außerdem kennen sie neben ihrer Tagträumerei auch ein gewisses „Heimweh nach einem Fleckchen, das sie nicht benennen können", wie jemand das einmal in Worte gefasst hat. Indem sie sich immer wieder auf neue Herausforderungen einlassen, finden sie ein Gegengewicht zu ihrer Tagträumerei und dem Heimweh, die sie in die Geistige Welt ziehen. Neue Herausforderungen bringen sie wieder zur Erde zurück, wo sie nun einmal in diesem Leben zu Hause sind und wo ihre Aufgabe liegt. So sehen wir, dass die *Kinder der Neuen Zeit* Menschen sind, die auf verschiedene Weise zwischen zwei Welten stehen – zwischen der irdischen und der geistigen Welt.

Nun leben wir im Augenblick im Zeitalter des Erzengels Michael. Dieser große Erzengel, der geistige Führer dieses Zeitalters, will uns beibringen, wieder bewusste Bürger zweier Welten zu werden – Bürger der geistigen und der materiellen, irdischen Welt. *Kinder der Neuen Zeit* zeigen, wie das möglich ist, und erfüllen ganz automatisch die Mission, die Michael uns aufträgt.

Sie verbinden Menschen, anstelle sie zu spalten

Die *Kinder der Neuen Zeit* haben von Natur aus ein offenes Herz für alle Menschen, ungeachtet ihrer Volks- oder Religionszugehörigkeit. Sie besitzen eine natürliche Neugier für den anderen und sind, weil sie nicht (ver-) urteilen, wunderbare Brückenbauer zwischen verschiedenen Bevölkerungsgruppen. Sie überbrücken Gegensätze, überwinden Widerstände zwischen verschiedenen Gruppen und suchen immer wieder den Weg des Gesprächs oder die Verbindung anstelle des Gegensatzes. Wir haben bereits weiter oben festgestellt, dass Barack Obama ein solcher Brückenbauer und damit ein typisches *Kind der Neuen Zeit* ist. Ich erwarte in Zukunft noch viel mehr von *Kindern der Neuen Zeit* wie Obama, gerade auch auf diesem Gebiet.

Auch auf dieser Ebene erfüllen die *Kinder der Neuen Zeit* eine wichtige Aufgabe, die der große Erzengel Michael uns aufgetragen hat – zu lernen, Weltbürger zu sein, und sich nicht nur als Mitglied eines bestimmten Volkes, einer bestimmten Rasse oder Religion zu fühlen. Michael würfelt heutzutage mit viel Gewalt die verschiedensten Kulturen, Religionen und Rassen durcheinander, um uns gleichsam die Pistole auf die Brust zu setzen und zu zeigen, dass das Anderssein des anderen keine Bedrohung ist, sondern ein Gewinn. Der Zustrom von politischen und wirtschaftlichen Flüchtlingen zwingt uns dazu, andere Kulturen und Religionen ernst zu nehmen, uns gründlich darüber zu informieren und darauf einzugehen. Das wird unsere Gesellschaft auf Dauer gründlich verändern. „Aber", so sagt Michael, „das ist kein Verlust, sondern nur ein Gewinn. Diese Entwicklung wird nämlich letztendlich immer zu einem echten Zusammengehörigkeitsgefühl führen, das alle Begrenzungen zwischen den Menschen beseitigt und die Menschheit vereint." Es ist, als würde Michael sagen: „Macht endlich das wahr, was ihr immer behauptet, und setzt es in die Praxis um, dass nämlich alle Menschen gleich, ja ebenbürtig sind und alle uneingeschränkt unseren Respekt verdienen."

Kind der Neuen Zeit, wage es!

Wage es, authentisch du selbst zu sein.
Wage es zu strahlen und lass' deine Schönheit scheinen.
Nimm' nicht nur deinen Schatten ernst,
sondern mache dir auch bewusst,
was dich so schön und besonders macht.

Wage es, Gefühle ernst zu nehmen,
und zeige sie ruhig:
Sei verletzbar, echt, offen und empfindsam,
und mache dich frei von dem, was andere von dir denken.

Betrachte jeden Menschen als einen Menschen,
in dem Gott sich selbst zum Ausdruck bringt.
Baue Brücken zu deinen Mitmenschen,
wer das auch sein mag – ob Moslem, Christ oder Buddhist.

Für eine besondere Mission bist du
hierher gekommen – um uns an
die Kraft der Liebe zu erinnern,
anstelle an die kalte Macht des Geldes.

Du kommst, um uns
die heilende Kraft der Zärtlichkeit
und die Weisheit des Herzens ins Bewusstsein zu rufen.
Ja, du bringst uns die Liebe,
nur Liebe – das ist deine Mission.

Wage es nur, und lege einfach los!

14.

Erwachsene Kinder der Neuen Zeit

Im Nachhinein betrachtet,
begann alles vor dem Zweiten Weltkrieg

Als die ersten Berichte über *Kinder der Neuen Zeit* erschienen und immer mehr über dieses neue Phänomen berichtet und geschrieben wurde – und als demzufolge Listen mit den typischen Kennzeichen eines *Kindes der Neuen Zeit* auftauchten, solche Listen kursieren im Internet bis heute – kamen immer mehr Erwachsene, die sagten: „Aber in diesen Beschreibungen erkenne ich mich ja selbst! Ich weiß nicht, wie es kommt, aber ich bin bestimmt auch ein *Kind der Neuen Zeit!*" Im Nachhinein betrachtet, erweist sich das Phänomen „*Kind der Neuen Zeit*" als älter, als wir dachten. Es wurde zwar erst in den achtziger Jahren des vorigen Jahrhunderts entdeckt, doch das Phänomen selbst ist ein ganzes Stück älter. Ich kenne Eltern, die noch vor dem Zweiten Weltkrieg geboren wurden (also vor 1940), die man als „*Kinder der Neuen Zeit* avant la lettre" („vor ihrer Zeit") bezeichnen könnte: *Kinder der Neuen Zeit* also, noch bevor dieser Begriff erfunden worden ist. In dieser frühen Phase ging es nur um Einzelpersonen. Man könnte diese allerersten *Kinder der Neuen Zeit* als „die Vorhut" bezeichnen. Daher betraf es in diesem ersten Jahrzehnt nur wenige Menschen. Das ist somit auch der Grund, weshalb das Phänomen der *Kinder der Neuen Zeit* erst viel später, in den achtziger Jahren, aufzufallen begann, als plötzlich eines Tages immer mehr von ihnen auf die Erde kamen.

In den Erzählungen der älteren, erwachsenen *Kinder der Neuen Zeit*, die mir selbst zu Ohren kamen, kommen immer wieder die gleichen Kennzeichen, Eigenschaften und Erfahrungen vor. Bevor ich diese im Folgenden alle hintereinander nennen werde, möchte ich ausdrücklich betonen, dass nicht alle *Kinder der Neuen Zeit* gleich sind, wie wir bereits festgestellt haben, und daher braucht sich auch nicht jedes erwachsene *Kind der Neuen Zeit* in allen unten angeführten Punkten wiedererkennen. Der eine ist nun einmal mehr dies, der andere mehr das. Der eine ist mehr ein Humanist, der andere eher ein Konzeptionist – und zwischen diesen beiden liegen, wie wir bereits weiter oben festgestellt haben, Welten.

Ich führe die unten stehenden Punkte in der Hoffnung auf, dass Sie, liebe Leserinnen und Leser, die Sie sich als erwachsenes *Kind der Neuen Zeit* fühlen, etwas mehr Selbsterkenntnis gewinnen und auf einmal bestimmte Punkte an sich selbst verstehen werden: „Ach, deshalb reagiere ich immer so und so." Vor allem für Menschen, die sich selbst so lange als schwarzes Schaf, als Fremdkörper oder „anders als die anderen" gefühlt haben, bedeutet es meist Trost und Erleichterung, wenn sie entdecken, dass es noch viel mehr Menschen gibt, die genauso (fremd und anders) im Leben stehen als sie selbst.

Eines wird sofort auffallen – nämlich die Tatsache, dass die Lebenseinstellung von älteren *Kindern der Neuen Zeit* anfangs gar nicht so stark von jener der jüngeren *Kinder der Neuen Zeit* abweicht. Wir können sagen: Bei den Jüngeren sind ihre typischen „Neue-Zeit-Kinder-Eigenschaften" im Allgemeinen einfach ausgeprägter. Sie gehen einige Schritte weiter – manchmal sogar ein paar kräftige Schritte – als die Älteren das noch zu tun vermochten.

Falsche Schuldgefühle – Belastung oder nicht?

In mancherlei Hinsicht sind die Unterschiede zwischen den älteren und jüngeren *Kindern der Neuen Zeit* aber auch groß, sogar lebensgroß. Ein gutes Beispiel dafür ist beispielsweise die Tatsache, dass die jüngeren *Kinder der Neuen Zeit* – allgemein gesagt – kaum oder gar nicht von falschen Schuldgefühlen geplagt werden und somit auch nicht manipuliert werden können. Sie schauen sogar auf die Erwachsenen herab, die dennoch versuchen, ihnen ein Schuldgefühl einzureden und sie zu manipulieren. Wenn Sie als Eltern etwas in dieser Richtung versuchen, dann verlieren Sie damit schnell Ihr Ansehen bei Ihrem Kind. Die älteren *Kinder der Neuen Zeit* waren hingegen richtiggehend übersensibel, was falsche Schuldgefühle betrifft. Viele von ihnen versuchen auch im späteren Alter noch immer, sich davon zu befreien.

Wie ist das eigentlich möglich? Warum hatten die älteren *Kinder der Neuen Zeit* denn nicht die gleiche Lebenseinstellung? Weil die geistigen Energien, die das Loslassen falscher Schuldgefühle ermöglichen, in jener Zeit noch kaum die Erde erreicht hatten und auf Erden kaum aktiv geworden sind. Folglich besaßen die älteren *Kinder der Neuen Zeit* die Einstellung, die auf dieser Ebene damals jeder noch hatte. Sie kannten diese Gefühle meist selbst noch stärker als ihre Zeitgenossen, weil ihnen gerade aufgrund ihres Andersseins und ihrer abweichenden Lebenshaltung fortwährend alle möglichen Schuldgefühle – mit und ohne Worte – eingeredet wurden, und sie aufgrund ihrer Sensitivität darauf besonders empfindlich reagierten.

Ich erhebe im Übrigen keinen Anspruch auf Vollständigkeit, was die Aufzählung der Kennzeichen und/oder Eigenschaften der erwachsenen *Kinder der Neuen Zeit* im Folgenden betrifft – es gäbe wahrhaftig noch weitaus mehr zu nennen. Außerdem wiederhole ich an dieser Stelle nicht nochmals die Kennzeichen, die ich schon im 2. Kapitel für die jüngeren *Kinder der Neuen Zeit* aufgeführt habe: Es dürfte klar sein, dass diese natürlich auch für die Älteren gelten. Ich möchte im Folgenden vor allem die spezifischen Lebenserfahrungen der älteren *Kinder der Neuen Zeit* beschreiben, die mir bei meiner Arbeit am häufigsten aufgefallen und die meines Erachtens am typischsten für die ältere Generation der *Kinder der Neuen Zeit* sind:

1. Mit einem Gefühl des Heimwehs leben
Viele ältere *Kinder der Neuen Zeit* kennen es – das Gefühl des Heimwehs. Heimweh wonach? Früher, als sie jung waren, wussten sie überhaupt nicht, wonach. Sie kannten keinen Menschen, bei dem sie das Gefühl hatten, es mit ihm besprechen und teilen zu können. Doch durch die schnelle Entwicklung der Spiritualität der heutigen Zeit wurde ihnen in späteren Jahren allmählich immer stärker klar,

dass ihr Heimweh der Geistigen Welt gilt – der Welt, aus der wir kommen und in die wir nach unserem Tod wieder zurückkehren werden. Übrigens ist dieses Heimweh typisch für alle *Kinder der Neuen Zeit*, also nicht nur für die Älteren, sondern auch für die Jüngeren. So stellen wir fest, dass es bei den Kindern, die gegenwärtig geboren werden, immer wieder sogenannte „Schreikinder" gibt: Von Geburt an sind sie nur am Weinen. Manche dieser Schreikinder zeigen damit, dass sie Heimweh nach der Welt haben, die sie gerade eben verlassen haben.

Bewegend ist das Beispiel eines jungen Elternpaares. Als ihr erstes Kind, ein Mädchen, geboren wurde, war es seit seiner Geburt nur am Weinen und Schreien. Die Eltern suchten mehrere Ärzte auf, doch diese konnten nichts feststellen, und ihr Töchterchen schrie jede Nacht weiter. Entnervt gingen sie letztendlich zu einer Geistheilerin, von der es hieß, sie könne Schreikinder zur Ruhe bringen. Die Eltern glaubten nicht an derlei Dinge, aber verzweifelt, wie sie waren, vereinbarten sie schließlich doch einen Termin – schließlich kann man ja niemals wissen. Als ihr Töchterchen bei der Therapeutin auf der Behandlungsliege lag, begann diese, sie liebevoll zu massieren und erzählte ihr unterdessen, dass sie sehr willkommen, und Papa und Mama so glücklich darüber seien, dass sie gekommen sei. Eine halbe Stunde lang machte sie so weiter, massierte und sprach bedächtig und liebevoll. Dann war der Besuchstermin um. Die Eltern fanden es recht seltsam und waren absolut misstrauisch. Doch diese Nacht war die erste, in der ihr Töchterchen durchschlief und nicht wach lag und endlos weinte. Daraufhin besuchten sie die Therapeutin erneut. Diese brachte ihnen bei, wie sie ihr Töchterchen selbst massieren und ihr immer wieder erzählen konnten, dass sie willkommen sei, dass sie geliebt würde und so weiter. Ab diesem Moment waren die Probleme weg.

Heimweh, das sich in fortwährendem Weinen und Schreien äußert, entsteht durch die Erinnerung an die Welt des Lichtes, aus der die Babys kommen. Im Vergleich zu dieser erscheint die irdische Welt so eiskalt. Diese Erinnerung besteht meist nur aus einem Gefühl, doch manche (Erwachsene und Kinder) sehen auch noch Bilder von der Lichtwelt. Liebe zu spüren, zu hören, dass du willkommen bist, und die Zärtlichkeit liebevoller Hände – allein diese drei Faktoren reichen aus, um das Heimweh zu überwinden und dem Kind das Gefühl zu vermitteln, dass das Leben auf Erden einen Sinn hat und vielleicht auch gar nicht so verrückt ist.

Die spirituelle Therapeutin, die im obigen Beispiel ihre Hilfe angeboten hat, war selbst ein *Kind der Neuen Zeit*. Immer mehr junge erwachsene *Kinder der Neuen Zeit*, wie diese Therapeutin, finden ihre Lebensaufgabe darin, dass sie Menschen zur Seite stehen, die mit Schreikindern, mit Verlusterlebnissen und gesundheitlichen Beschwerden konfrontiert werden. Sie bringen ihren Klienten bei, wie sie auf eine andere, neue Weise damit umgehen können. Übrigens leiden nicht alle Schreikinder unter Heimweh. In England werden Schreikinder „Kolikbabys" genannt, weil sie wegen Bauchkrämpfen weinen. Die Schreikinder, die ich oben meine, sind die Babys, bei welchen man keine körperliche Ursache, wie etwa Bauchkrämpfe, finden kann, die aber dennoch nur schreien. Die Wahrscheinlichkeit ist groß, dass es in einem solchen Fall um Heimweh geht.

2. *Die andere Art von Intelligenz der Kinder der Neuen Zeit und ihre Abneigung gegen die Schule*

Auffallend ist auch die Form der Intelligenz, über die erwachsene *Kinder der Neuen Zeit* verfügen. Sie sind meist außerordentlich intelligent, doch es ist eine Intelligenz, die nicht auf die übliche Weise zum Ausdruck kommt: Ihre Intelligenz ist vor allem eine „kreative und soziale Intelligenz".[78] Im 8. Kapitel habe ich bereits erklärt, dass das Denken bei den *Kindern der Neuen Zeit* vor allem in Bildern, intuitiv und assoziativ, verläuft.

In der Schule hatten es die erwachsenen *Kinder der Neuen Zeit* meist nicht leicht, so intelligent sie auch waren, weil ihre Intelligenz mit Sicherheit in jener Zeit schlichtweg in den meisten Fällen nicht anerkannt und verstanden wurde. Außerdem hatten sie damals schon das Gefühl, dass das, was sie in der Schule lernen mussten, nur Ballast war und ihnen im späteren Leben nicht helfen würde. Was ihnen in der Schule vor allem aufstieß, waren der autoritäre Erziehungsstil, die Tatsache, dass sie etwas „auswendig" lernen mussten, der tödlich langweilige Unterricht und der Umstand, dass sie niemals frei ihren Tagträumen nachhängen durften.

Die Schule war darüber hinaus für viele ältere *Kinder der Neuen Zeit* ein Problem, weil sie in gewisser Hinsicht Außenseiter waren, eben anders als die anderen. So etwas lassen die anderen Kinder einen ja immer spüren. Schikanen gab es zu allen Zeiten, sie kamen auch früher schon vor. Die meisten erwachsenen *Kinder der Neuen Zeit* blicken daher auch mit recht getrübter Freude auf ihre Schulzeit zurück.

Nicht nur in der Schule, auch überall sonst, wo sie in ihrem späteren Leben mit anderen Menschen in Berührung kamen, widersetzten sie sich leeren oder hohlen Autoritäten – Menschen, die nicht über eine natürliche Ausstrahlung verfügen und anderen Befehle und Aufträge erteilen, ohne dass es einen ersichtlichen Sinn dahinter gäbe. Dadurch sind sie reihenweise zu Rebellen und „Revoluzzern" geworden. Doch, und das ist ein seltsames Paradoxon, darüber hinaus waren sie in der Schule und später, in ihrem Leben als Erwachsene, Anstifter zum Frieden. Sie waren es, die versuchten, die anderen aufzufangen und zu trösten, wenn sie des Trostes bedurften.

3. Das Gefühl, ein Fremder zu sein

Viele ältere *Kinder der Neuen Zeit* kennen folgenden Gedanken, der immer wieder hochkommt: „Was mache ich hier eigentlich, in dieser kalten, harten Welt, die mir im Grunde so fremd ist?" Dies ist ein spontaner Gedanke, oft ein Gedankenblitz, der zum Glück auch wieder schnell verschwindet, weil nun einmal die Arbeit auch bewältigt werden muss. Doch genau das hilft oft, um das Gefühl, ein Fremder zu sein, zu überwinden. Es bleibt aber unterschwellig immer ein dumpfes Gefühl im Hintergrund, das jederzeit wieder zutage treten kann, um erneut unsere Aufmerksamkeit zu fordern.

Dieses Grundgefühl weist die erwachsenen *Kinder der Neuen Zeit* immer wieder darauf hin, dass sie Bürger zweier Welten sind – einerseits Erdenbürger andererseits auch Bürger der Geistigen Welt.

4. Geistige Emigranten und dadurch Wegbereiter

Dieser aufblitzende Gedanke weist uns nicht nur auf unser Heimweh hin, sondern auch auf das tiefere Wissen, dass wir zwar hier in einem Körper auf Erden leben, aber eigentlich aus einer anderen Welt stammen, einer Welt aus reinem Licht. Je mehr es den erwachsenen *Kindern der Neuen Zeit* gelungen ist, sich dieses Wissen im Laufe ihres Lebens bewusst zu machen, desto mehr sind sie aus alten, ihnen in ihrer Jugend vermittelten Erkenntnissen und Glaubensüberzeugungen heraus zu einer anderen Erkenntnis und einer anderen Lebensvision emporgewachsen. Doch gerade weil die meisten älteren, erwachsenen *Kinder der Neuen Zeit* noch einen kirchlichen Glauben mit auf den Weg bekamen, haben sie den Übergang zu dieser ganz anderen Lebensperspektive, die sich an das Wissen anschließt, das in ihnen lebt und aus diesem Wissen auch entspringt, als großen, tief greifenden Übergang erlebt, den man mit einer „Auswanderung" vergleichen könnte. *„Wenn ich innehalte und darüber nachdenke, was ich als Kind alles an Glaubensüberzeugungen mitbekommen habe, und sehe, wie ich heute denke, glaube und was ich weiß, dann scheint es, als sei ich ein ganz anderer Mensch geworden, der in einer ganz anderen Welt gelandet ist."* Ein anderer spricht in diesem Zusammenhang von einer „geistigen Emigration". Dieses Gefühl, nämlich ein geistiger Emigrant zu sein, ist ebenfalls ein wichtiges Kennzeichen des Lebensgefühls von erwachsenen *Kindern der Neuen Zeit*.

Nun wird bei diesem Begriff der geistigen Emigration die große Lebensmission der erwachsenen *Kinder der Neuen Zeit* deutlich. Aus den Erkenntnissen und dem Lebensgefühl einer alten Welt heraus sollen sie einen Weg zu den Erkenntnissen und dem Lebensgefühl der neuen Welt bahnen, die gerade geboren wird. Sie, die erwachsenen *Kinder der Neuen Zeit*, sind die Wegbereiter – sie bahnen den Weg in diese neue Welt, zu dieser neuen Art des Denkens und Lebens. Sie erkennen diesen Übergang in ihrem eigenen Leben und werden dadurch zu Brückenbauern, die geistige Brücken aus der alten Welt in eine andere Welt schlagen, die gerade im Begriff ist, geboren zu werden. Das ist ihr eigentlicher, ihr wesentlicher Lebensauftrag. Es ist für die älteste Generation der *Kinder der Neuen Zeit* bewegend mitanzusehen, dass die Generationen von *Kindern der Neuen Zeit*, die ihnen nachfolgen, den Weg zu sich selbst, zur eigenen Lebensmission und zum neuen Denken, das damit einhergeht, um etliches leichter finden. Die ältesten *Kinder der Neuen Zeit* wissen, dass dies nur möglich wurde, weil sie selbst als Erste begonnen haben, diese Brücken zu bauen. Diejenigen, die nach ihnen gekommen sind, werden dank dieser Brücken dann viel schneller ans Ziel kommen. Wir erkennen daran auch, dass die nachfolgenden Generationen der *Kinder der Neuen Zeit* sich selbst und ihrer Lebensaufgabe immer schneller bewusst werden und den eigenen Weg im Leben immer schneller finden können. Dies erfüllt die ältesten *Kinder der Neuen Zeit* mit einem tiefen Gefühl der Freude. Sie dürfen miterleben, wie das Werk, für das sie den Samen gelegt haben, gesegnet wird!

5. Eine „erdrosselnde Einsamkeit", die ihnen die Luft abschnürt
Es dürfte deutlich geworden sein, dass gerade die erwachsenen *Kinder der Neuen Zeit* eine lange Durststrecke der Einsamkeit durchlebt haben. Abgelehnt, als schwarzes Schaf betrachtet, fügten sie sich nicht ins Schulsystem und ins Berufsleben, widersetzten sich hohlen Autoritäten, stellten immer wieder Fragen, die für andere unbequem waren, weil sie eigentlich keine Antwort darauf hatten. Das führte unvermeidlich in eine dauerhafte Vereinsamung. Das Gefühl der Einsamkeit war vor allem auch deshalb so stark, weil sie in ihrer Jugend und in jungen Jahren ganz lange glaubten, dass sie die einzigen seien, die so dachten, fühlten und im Leben standen. Erst viel später, als mehr und mehr Interesse an dem Phänomen *„Kinder der Neuen Zeit"* entstand, entdeckten viele von ihnen, dass sie nicht die Einzigen waren, sondern es noch viel mehr Menschen gab, die dachten, fühlten und lebten wie sie. Ein erwachsenes Kind dieser Zeit nannte jene Einsamkeit einmal in einem Gespräch *„eine erdrosselnde Einsamkeit, gegen die ich täglich ankämpfen muss"*.
Das Faszinierende daran ist, dass gerade diese Einsamkeit sie auch stärker in Verbindung mit der Geistigen Welt gebracht hat: *„Wenn es keine Menschen gibt, die dich wirklich verstehen und*

dich so lieben, wie du bist, kannst du nur noch Hilfe und Trost in der Geistigen Welt finden", erklärte eine Frau mir einmal. In einem Atemzug fügte sie dann hinzu: *„Aber gerade dadurch ist der Kontakt zu meinem Engel so stark geworden, gerade dadurch durfte ich die tägliche Umarmung von Christus so stark erfahren."* Man könnte also auch in dieser Situation sagen, dass sich der Schmerz der Einsamkeit letztendlich in ihre Kraft verwandelt hat, wie ich es ja bereits im 1. Kapitel beschrieben habe.

6.   Eigenliebe entwickeln

Die *Kinder der Neuen Zeit* müssen lernen, Eigenliebe zu entwickeln:

- ✪   Sie müssen lernen zu nehmen, denn im Geben sind sie meist schon perfekt. Das gilt ebenso sehr für die älteren wie für die jüngeren Kinder der Neuen Zeit.
- ✪   Sie müssen lernen, ihre Grenzen zu wahren und rechtzeitig „Nein" zu sagen. Die Kunst des „Ja"-Sagens beherrschen sie meist schon bis zur Perfektion.
- ✪   Sie müssen lernen, für sich selbst zu sorgen, denn die Kunst, für andere zu sorgen, beherrschen sie schon perfekt.

Es ist wichtig, dass die *Kinder der Neuen Zeit* diese Lektionen lernen, denn *nur wer sich selbst liebt, ist imstande, seinen Nächsten wirklich zu lieben.* Die Tatsache, dass diese Lektion für die älteren *Kinder der Neuen Zeit* nicht leicht ist und war, hängt damit zusammen, dass in früheren Zeiten so etwas wie „Selbstliebe" als Sünde und Egoismus betrachtet wurde. Man müsse nur lernen, seinem Nächsten zu dienen, dann würde schon alles gut werden. Sie müssen sich also auch in diesem Punkt eine handfeste Umerziehung angedeihen lassen.

7.   Auf der Suche nach dem Leiden

Erwachsene *Kinder der Neuen Zeit* haben sich in ihrem Leben des öfteren auf die Suche nach Antworten begeben. „Warum habe ich das Gefühl, anders zu sein? Warum sagen mir die alten Antworten nichts?" Vor allem, wenn große Probleme auf ihrem Lebensweg auftauchten und sie beispielsweise Menschen verloren, die sie liebten, veranlasste der Schmerz über den Verlust sie dazu, nun wirklich auf die Suche nach Antworten zu gehen, mit welchen sie leben und die ihnen helfen konnten, diese schwierige Lebensphase zu überstehen. Viele haben gerade in solch einer Situation die ersten Schritte auf ihrem spirituellen Weg getan, einfach deshalb, weil sie nur dort Antworten auf ihre Fragen finden konnten, mit denen sie wirklich etwas anzufangen wussten. Später erkennen diese älteren *Kinder der Neuen Zeit* dann oft, dass diese dunklen Lebenserfahrungen nicht sinnlos waren, weil sie dadurch endlich die Antworten finden konnten, mit welchen sie zu leben vermochten.

Eine Frau, die ihren Sohn bei einem Autounfall verloren hatte, sagte Jahre später: *„Es ist und bleibt die allerschwerste Erfahrung meines Lebens, und noch regelmäßig bäumt sich der Schmerz über den Verlust in meinem Herzen auf. Doch zugleich erkenne ich rückblickend auch, dass ich gerade dadurch einen geistigen Gewinn erzielen konnte, den ich sonst niemals gefunden hätte. Ich weiß nun mit der Gewissheit meines Herzens, dass mein Sohn in der Geistigen Welt lebt. Ich spüre ihn auch oft dicht bei mir und weiß, dass ich ihn, wenn ich selbst sterbe, gleich wiedersehen werde. Das ist der Gewinn, den ich aus dieser dunklen Zeit errungen habe. Meine spirituelle Entwicklung ist folglich das Geschenk meines Kummers in der Dunkelheit."*

Das Bewegende an Aussagen wie dieser ist die Tatsache, dass viele ältere *Kinder der Neuen Zeit* auf eine ganz eigene, persönliche Weise, dank der Lektionen, die ihnen präsentiert werden, entdecken, dass das Leiden des Lebens nicht vergebens und sinnlos sein muss, sondern dass man daraus einen inneren geistigen Gewinn erzielen kann. Gerade diese Erkenntnis ist ein Eckstein des Neuen Denkens, das in unserer heutigen Zeit geboren wird. Ältere *Kinder der Neuen Zeit*, die den Mut hatten, den Schmerz ihres Lebens nicht zu unterdrücken und zu verdrängen, sondern ihn zu durchleben und durch ihn durchzugehen, werden „wie von selbst" zu dieser wichtigen Erkenntnis geführt – und diese Erkenntnis im Sinne des Leidens ist eines der wichtigsten Kennzeichen des erwachsenen *Kindes der Neuen*

Zeit geworden. Es ist für die älteren *Kinder der Neuen Zeit* auch von großer Bedeutung, zu dieser Erkenntnis kommen zu dürfen. Gerade sie wurden und werden ja oft mit heftigen Lebenslektionen konfrontiert. Dadurch könnten sie leicht in Zynismus verfallen – der aus Enttäuschung heraus entsteht – oder in eine Depression geraten, die sie hart und verbittert macht. Aber wenn es ihnen gelingt, aus diesem Dunkel den geistigen Gewinn zu erzielen, der darin für sie verborgen liegt, kommen sie dank dieses Gewinns in Verbindung mit ihrem tiefsten Wesenskern und finden dort die Antworten, nach welchen sie oft schon ihr ganzes Leben lang gesucht haben. Die Suche nach dem Sinn des Leidens ist folglich im Leben der älteren *Kinder der Neuen Zeit* von entscheidender Bedeutung.

8. Ein unwiderstehlicher Drang nach Freiheit

Alle *Kinder der Neuen Zeit*, sowohl die jüngeren als auch die älteren, haben ein gut entwickeltes Gefühl für Freiheit. Sobald jemand das Wort „müssen" benutzt, geraten sie in Widerstand, auf alle Fälle innerlich. Sie möchten selbst über ihr eigenes Leben entscheiden und vertragen es schlecht, wenn ein anderer sie zu viel bevormundet. Die Eltern eines *Kindes der Neuen Zeit* tun auch gut daran, die Freiheit ihres Kindes zu respektieren und diese so viel wie nur möglich zu berücksichtigen.

Auch die älteren *Kinder der Neuen Zeit* kennen diesen Freiheitsdrang. Im vorangegangenen Kapitel haben wir bereits festgestellt, dass die älteren *Kinder der Neuen Zeit* oft in dem Betrieb oder in der Institution, in der sie arbeiteten, ein Gefühl der Beklemmung verspürt und eines Tages eine Ich-AG gegründet haben – daran ist die Freiheit Schuld, die sie suchen und brauchen. Alle älteren *Kinder der Neuen Zeit*, die auf das Leben zurückblicken, das hinter ihnen liegt, werden darin in bestimmten Momenten die Triebfeder der Freiheit erkennen – sie werden erkennen, wie dieses Verlangen nach Freiheit sie zu verschiedenen Schritten gebracht hat, die sie wahrscheinlich ohne diesen starken Freiheitsdrang niemals unternommen hätten.

Doch warum ist diese Freiheit so wichtig? Es ist Teil der Lebensmission der *Kinder der Neuen Zeit*, immer wieder den Mut aufzubringen, sich vom herrschenden Wissen und den damit verbundenen Glaubenssätzen zu befreien. Einzig dieser Schritt macht es möglich, in Freiheit auf die Suche nach den Antworten zu gehen, die ihnen wirklich etwas sagen, womit sie wirklich etwas anfangen können – und das sind nun wirklich niemals die Antworten, die sie als Kinder erhalten haben. Nur wenn sie den Mut haben, sich vom herrschenden und/ oder erworbenen Wissen und den entsprechenden Glaubenssätzen zu befreien, und nur, wenn sie es wirklich wagen, sich frei zu machen, wird es ihnen nämlich gelingen, den Weg nach innen zu gehen und in ihrem eigenen Herzen und ihrer eigenen Seele die Antworten auszugraben, die dort schlummern. Der Mut und das Bestreben, sich zu befreien, sind folglich eine Grundvoraussetzung. Ohne diesen Mut und ohne dieses tiefe Verlangen nach Freiheit wird es ihnen niemals gelingen, sich vom herrschenden und erworbenen Wissen zu befreien.

Zu der Neuen Welt, die uns diese *Kinder der Neuen Zeit* bringen möchten, gehört auch die Tatsache, dass wir lernen werden, in uns selbst, in unserem eigenen Gewissen, die Normen und Werte aufzuspüren, die uns als Richtschnur dienen sollen. Regeln im Äußeren verlieren nun mehr und mehr an Aussagekraft. Sie kümmern uns gegenwärtig immer weniger. Daher befinden wir uns als Gesellschaft auch in einer Abwärtsspirale – wie jeder von uns mit eigenen Augen wahrnehmen kann. Die einzige Möglichkeit, um diese Abwärtsspirale wieder nach oben umzukehren, besteht darin, dass jeder von uns persönlich lernt, sich die Kraft dieses Gewissens bewusst zu machen und diese als Leitfaden für sein Leben zu akzeptieren.

Dies ist also die Entwicklung, in der wir gerade stecken und in der die *Kinder der Neuen Zeit* eine wichtige, ja eine Schlüsselrolle spielen. Sie dürfen uns auf diesem Weg nach innen vorangehen, der uns zur Entdeckung unseres eigenen Wissens und Gewissens führt und uns dadurch in Kontakt mit unseren eigenen, ganz persönlichen Normen und Wertvorstellungen bringt, für die wir uns selbst entscheiden werden. Um diese Vorreiterrolle auch richtig umsetzen zu können, kennen *Kinder der Neuen Zeit* jenes unwiderstehliche Verlangen nach Freiheit, den stillen Motor, der sie auf ihrem Weg immer wieder weiter vorwärts treibt.[79]

Zu guter Letzt

Den *Kindern der Neuen Zeit* wird gerade eine wichtige Mission anvertraut: Sie dürfen den Weg in eine neue Gesellschaft bahnen. Sie bauen an den Brücken, über die die Menschheit aus einer alten in eine neue Welt hineingeführt werden soll. Je mehr *Kinder der Neuen Zeit* sich dieser Mission bewusst werden, desto zielgerichteter und geduldiger werden sie diese mit der nötigen Ausdauer ausführen.

Doch um diese Aufgabe erfüllen zu können, werden die *Kinder der Neuen Zeit* dafür sorgen müssen, dass sie eine reine, aufrichtige Verbindung mit der Geistigen Welt aufrechterhalten. Sie werden sich jeden Tag in der unabdingbaren Tugend der Bescheidenheit, Dankbarkeit – auch für die schwierigen Lektionen im Leben – und im stillen Vertrauen üben müssen. Nur wenn sie innerlich auf diese Tugenden, auf diese Reinheit und Aufrichtigkeit ausgerichtet sind, wird es ihnen gelingen, ihre Mission richtig zu erfüllen. Es kommen ja immer wieder ganz schnell allerhand Ego-Spielchen nach oben, wie Eigennutz, Dominanz oder anderes, welche die Reinheit unserer Arbeit zunichte machen und der Erfüllung unserer Mission schaden.

Beten Sie daher täglich, meditieren Sie und lauschen Sie in der Stille, was aus der Geistigen Welt in ihr Herz gelegt wird. Verbinden Sie sich jeden Tag erneut mit der Quelle, unserer Lebensquelle, und staunen Sie über die spürbare Hilfe, die aus dieser Welt zu uns kommt.

Nur dann, wenn wir uns täglich mit der Geistigen Welt, mit unserem Engel, mit Christus und mit unseren lieben Verstorbenen verbinden, werden wir ein reiner Kanal sein, und die Geistige Welt kann durch uns Gottes Pläne auf Erden verwirklichen.

Michael, der große Erzengel, der die Geburt einer neuen Welt und einer neuen Menschheit lenkt, braucht uns als Kanal – um durch uns hindurch mit seinen besonderen Energien auf die Erde einwirken zu können. Arbeiten Sie also jeden Tag an sich selbst, verbinden Sie sich in der Meditation mit ihm und öffnen Sie Ihr Herz für die stille Einwirkung des Kosmischen Christus.

Die Geistige Welt braucht Sie. Gott braucht Sie. Sorgen Sie daher dafür, dass Sie ein gutes Werkzeug und ein reiner Kanal für die Liebe Gottes sind.

Die Kinder einer Neuen Zeit ...

✧ Die Kinder einer Neuen Zeit sind gekommen, um uns Menschen in ein neues Zeitalter zu führen – ein Zeitalter des echten Friedens und der wahren Liebe. Sie bringen uns bei, uns einander ohne Worte zu verstehen. Sie helfen uns, uns wieder auf unsere eigene Weisheit zu besinnen.

✧ Ihre Seele ist weise, ihr Herz hingegen ist jung und verspielt.

✧ Sie tragen ein zeitloses Wissen in sich, das faszinierend ist, erneuernd wirkt und beispiellos ist. Sie sind mit diesem Wissen gekommen, um das Leben auf Erden zu verändern. Nehmen Sie daher ihr Wissen ernst, auch wenn Sie selbst es nicht immer verstehen können.

✧ Sie lauschen auf die Worte zwischen den Zeilen, wenn Sie reden, und hören, was Sie eigentlich meinen. Seien Sie daher aufrichtig und ehrlich zu ihnen, ohne Zweideutigkeiten.

✧ Sie wollen die Möglichkeit haben, in Freiheit ihre eigenen Entscheidungen zu treffen und ihr eigenes Wesen zu entdecken. Schenken Sie ihnen daher diese Freiheit und behandeln Sie sie nicht wie unmündige Kinder.

✧ Wie jede Pflanze Wasser braucht, um zu wachsen, so brauchen die Kinder einer Neuen Zeit Respekt, um wachsen zu können. Schenken Sie ihnen diesen Respekt. Sie haben ihn allein schon aufgrund der Reinheit ihres Wesens und der feinsinnigen Liebeskraft verdient, mit der sie jedem Menschen, jedem Tier und jeder Pflanze begegnen.

- Die Kinder einer Neuen Zeit passen sich nicht an Systeme oder Methoden an, die Sie zufällig für sinnvoll erachten. Sie durchbrechen vielmehr alle alten Strukturen, um so Freiraum für eine neue Erde zu schaffen, auf der die Liebe wohnt.

- Anweisungen ohne Erklärung werden sie nicht so einfach ausführen. Sie wollen verstehen, warum sie etwas tun. Nehmen Sie sie also ernst und legen Sie ihnen als ebenbürtigen Menschen dar, warum Sie ihnen diese Aufgabe erteilen.

- Mit ihrer unerschöpflichen Energie, ihrer mangelnden Geduld und ihren Problemen mit Menschen, die sich als Autorität aufspielen, ohne es zu sein, stellen sie ihr Umfeld immer wieder vor Probleme. Doch vergessen Sie nicht: Sie leben bereits mit der Energie einer neuen Zeit und werden daher alles, was noch auf der alten Energie aufgebaut ist, zerstören und an den Pranger stellen. Ob sie das nun wollen oder nicht – es überkommt sie einfach, weil sie nun einmal ein *Kind der Neuen Zeit* sind.

- Wie alle anderen Kinder, bedürfen auch diese Kinder einer Neuen Zeit der Liebe – einer Fülle an Liebe und Zuwendung. Schenken Sie ihnen diese auch. Doch seien Sie sich dabei im Klaren darüber, dass sie haargenau wissen, ob diese Liebe und Zuwendung echt, uneigennützig, selbstlos und bedingungslos ist. Sie zwingen die Menschen in ihrem Umfeld dazu, rein zu werden und in ihrer Liebe zu bleiben.

- Die Kinder einer Neuen Zeit sind normale Kinder. Behandeln Sie sie auch normal, wie Kinder, und kehren Sie nicht das Besondere an ihnen heraus, sondern lieben und respektieren Sie sie so, wie Sie alle Kinder lieben und respektieren.

- Die Kinder einer Neuen Zeit kommen mit einer ganz besonderen Mission zur Erde; denn sie sind es, die uns beibringen möchten, wie wir die Anbindung an unser eigenes Wissen finden können, wie wir uns diese bedingungslose, selbstlose Liebe aneignen können, und wie wir lernen können, offen, verletzlich und folglich auch unbefangen wir selbst zu sein.

- Für ihre Mission bringen die Kinder einer Neuen Zeit kein anderes Material, keine andere Technik und keine anderen Fertigkeiten mit – nur sich selbst. Indem sie so sind, wie sie sind, und indem sie sie selbst sind, werden sie alle großen Veränderungen auf dem Planeten Erde im Sturm herbeiführen.

✿ Für die Kinder einer Neuen Zeit ist das größte Geschenk, das wir ihnen bereiten können, die Freiheit, sie einfach sie selbst sein zu lassen. Dann können sie die Mission, zu der sie gekommen sind, auch wirklich erfüllen.

Anmerkungen

1. Das *Forum für Kinder der Neuen Zeit* wurde 1997 eingerichtet. Es setzte sich zum Ziel, möglichst breit über die *Kinder der Neuen Zeit* aufzuklären und ist auf diese Weise für viele – sowohl für Kinder als auch für Eltern – von großer Bedeutung gewesen. Unter www.nieuwetijdskinderen.nl können Sie sich über die Geschichte des Forums informieren. Nach jahrelangem Einsatz beschloss der Betreiber schließlich, alle Aktivitäten einzustellen. Es ist nur die Website übrig geblieben.
Wer auf der Suche nach Hilfe ist: Die Stiftung „WelZijn Kinderen" ist ein Netzwerk von Beratern: www.welzijnkinderen.nl. Auf dieser Website finden Sie Adressen und weitere Hinweise.
2. Siehe Nancy Ann Tappe, „Understanding Your Live Through Colour" („Verstehe dein Leben durch Farben"), 1982, Verlag Starling Publishers
3. Lee Caroll und Jan Tober, „De Indigo-kinderen" („Die Indigo-Kinder"), Verlag Petiet, 2000, S. 27
4. Siehe Anmerkung 1
5. Georg Kühlewind, „Sterrenkinderen, Op zoek naar een nieuwe manier van opvoeden" („Sternkinder – Kinder, die uns besondere Aufgaben stellen"), Verlag Christofoor, 2003, S. 101
6. B. Jager, „Het intuitive kind in het Aquariustijdperk", („Das intuitive Kind im Wassermannzeitalter"), Verlag Ankh-Hermes, 1998
7. Siehe Joanne Klink, „Früher, als ich groß war – Reinkarnationserinnerungen von Kindern", Grafing 2011
8. A.a.O.
9. Dieses Beispiel habe ich Carla Muijsert-van Blitterswijk „Nieuwetijdskinderen, Het intuitive kind in gezin, onderwijs en hulpverlening" („*Kinder der Neuen Zeit*, das intuitive Kind in der Familie, Erziehung und Fürsorge"), Verlag Ankh-Hermes, 2000, S. 124 entnommen
10. Joanne L. Klink, Früher, als ich groß war – Reinkarnationserinnerungen von Kindern, Grafing 2011
11. Diana Rumpf, Begründerin von „Indigo en kernkind" („Indigo und Kernkind"), auf der Website www.bewustopvoeden.nl
12. M.A.J. Romme & A.D.M.A.C. Escher, „Stemmen horen accepteren" („Stimmenhören akzeptieren"), Tirion Verlag, 1999
13. Siehe hierzu beispielsweise Carla Muijsert-van Blitterswijk „Nieuwetijdskinderen, Het intuitive kind in gezin, onderwijs en hulpverlening" („*Kinder der Neuen Zeit*, das intuitive Kind in der Familie, Erziehung und Fürsorge"), Verlag Ankh-Hermes, 2000, S. 100
14. Siehe dazu das Buch, das ich gemeinsam mit Margarete van den Brink geschrieben habe: „De bijzondere tijd waarin wij leven" („Die besondere Zeit, in der wir leben"), Verlag Ankh-Hermes, 2009 (Dt.: Zeitenwandel, Grafing 2011)
15. Siehe Carla Muijsert-van Blitterswijk „Nieuwetijdskinderen, Het intuitive kind in gezin, onderwijs en hulpverlening" („Kinder der Neuen Zeit, das intuitive Kind in der Familie, Erziehung und Fürsorge"), Verlag Ankh-Hermes, 2000, S. 92
16. 'Gläser rücken' ist eine Möglichkeit, um Geister zu beschwören. Man stellt ein Glas auf ein Ouija-board („Witchboard"/„Hexenbrett"). Dann legen die Teilnehmer – mindestens zwei – zwei Finger auf das Glas. Einer der Teilnehmer stellt der Geisterwelt eine Frage. Als Antwort auf diese Frage beginnt das Glas, von Buchstabe zu Buchstabe zu tanzen, bis eine Botschaft entstanden ist.
17. Hans Stolp, „Tien Levenslessen voor deze tijd" („Zehn Lebenslektionen für unsere Zeit"), Verlag Ankh-Hermes, 2009
18. Siehe Rudolf Steiner, „Der übersinnliche Mensch. Das Leben nach dem Tod", Stiftung Rudolf Steiner Übersetzungen, Bilthofen, 1996, S. 32ff
19. Siehe Georg Kühlewind, „Sterrenkinderen, Op zoek naar een nieuwe manier van opvoeden" („Sternkinder – Kinder, die uns besondere Aufgaben stellen"), Verlag Christofoor 2003, S. 32f
20. Doreen Virtue, „Die Erziehung eines Indigokindes" in: Lee Caroll und Jan Tober, „Indigo-Kinder", Verlag Petiet, 2000, S. 141
21. Der Maya-Kalender nennt hierzu die Jahreszahl 2012. doch es ist wichtig zu verstehen, dass es sich eher um einen Anhaltspunkt für ein Zeitalter handelt, in dem sich große Veränderungen vollziehen werden, als um ein konkretes Jahr. Diese großen Veränderungen haben bereits begonnen und werden noch einige Jahrzehnte beanspruchen.

22. Carolina Hehenkamp, „Indigo-kinderen als geschenk en uitdaging" („Indigo-Kinder – Geschenk und Herausforderung"), Verlag Panta Rhei, 4. Auflage 2008, S. 105

23. Der Begriff „Eine bittere Pille" stammt aus dem Buch von Aviva Romm und Tracy Romm, „ADHD-Alternatieven, Een natuurgeneeskundige benadering van hyperactiviteit" („Alternativen bei ADHS – Ein naturheilkundlicher Ansatz bei Hyperaktivität"), Verlag De Driehoek, 2001

24. Dr. Peter R. Breggin, „Talking Back To Ritalin, What Doctors Aren't Telling You About Stimulants and ADHD", („Widerrede gegen Ritalin – Was Ärzte Ihnen über Stimulanzien und ADHS verschweigen"), Da Capo Press, 2001, und: Dr. Peter R. Breggin, „The Ritalin Fact Book, What Your Doctor Won't Tell You" („Das Buch der Wahrheit über Ritalin – Was Ihnen Ihr Arzt niemals verraten wird"), Perseus Book Group, 2002
Gegner von Breggin (im Internet als „Prozac- und Ritalin-Mafia der pharmazeutischen Industrie bezeichnet) versuchen ihn anzuschwärzen, indem sie behaupten, er habe Verbindungen zur Scientology-Kirche, doch das stimmt nicht. Siehe www.hersenstorm.com

25. Siehe beispielsweise www.adhdenvoeding.nl

26. Siehe www.pelsser.nl

27. Tipp von Harmen Wagenmakers, Energetischer Therapeut, Mitglied in der NVGN (Niederländische Vereinigung für Geist- und Naturheilweisen); siehe auch sein Buch: „Artsen uit de wereld van het Licht" („Hoffnung und Heilung"), Verlag Ankh-Hermes, 2007 (dt. Ausgabe Grafing 2009)

28. Siehe www.autism.com/ari; Siehe auch die Dezemberausgabe, '98 des Magazins „SK-Review" der Stiftung A.S.K. (Akademie für spielerisches Lernen mit autistischen Kindern). Darin finden Sie einen Artikel über Erfahrungen mit Vitamin B6 in Kombination mit Magnesium, in Bezug auf den positiven Einfluss, den dieses auf Menschen mit einer autistischen Störung haben kann. Siehe auch: www.autisme.nl

29. Siehe Carolina Hehenkamp, „Indigo-kinderen als geschenk en uitdaging" („Indigo-Kinder – Geschenk und Herausforderung"), Verlag Panta Rhei, 4. Auflage 2008, S. 165f

30. www.psycholoog.net

31. Siehe www.steinerschoolnovalis.be

32. Tagblatt „Trouw" vom 17.10.2008

33. Fernand Haesbrouck, „ADHD-medicatie, Medische megablunder", („ADHS-Medikamente – Medizinische Mega-Sünde"), 2007. Siehe auch www.megablunder.net

34. Website von NRC (Niederländisches Handelsblatt) vom 8. März 2001

35. Siehe www.ouders.nl

36. Siehe Jan Kraak: www.jankraak-taichitao.nl

37. Volkskrant vom 20. Januar 2009

38. A.a.O.

39. Tubantia vom 26.2.2007

40. „Trouw"-Ausgabe vom 17.10.2008

41. Bernard Lievegoed, „Ontwikkelingsfasen van het kind" („Entwicklungsphasen des Kindes"), Verlag Freies Geistesleben, 2003

42. Eine kurze Zusammenfassung zu diesem Thema finden Sie bei: Bernhard Lievegoed, „De levensloop van de mens" („Der Lebenslauf des Menschen"), Verlag Lemniscaat, 1984, S. 42 f

43. Für die Entwicklung der Willenskraft ist Rhythmus wichtig, wie z.B. ein fester Tagesrhythmus, wiederkehrende Rituale, eine feste Tageseinteilung und rhythmisches Gehen. Für die Entwicklung des Gefühls ist künstlerisches Arbeiten, wie Malen, Theaterspiel und das Arbeiten mit Farben unverzichtbar. Aus dieser Entwicklung ergibt sich automatisch die Entwicklung des Denkens. Die Entwicklung des Gefühls und der Willenskraft bildet die Basis für gesundes Denken.

44. A.a.O., S. 43

45. Das Bildungsmagazin „Klossers" – eine Zeitschrift für Lehrkräfte für den Vorschulunterricht – berichtet in Nummer 19, vom 28. November 2009, über eine Umfrage unter den Lehrkräften, aus der ein großer Nachholbedarf unter den Lehrern hervorgeht. Nach Meinung der meisten von ihnen droht die Erziehung von Vorschulkindern viel zu schulisch zu werden. Sie kritisieren auch den Einsatz von Prüfungen des Cito-Instituts zur Entwicklung von Tests und Zentralexamen. 75% von ihnen setzen diese nur ein, weil die Aufsichtsbehörde das so will. Außerdem kritisieren sie die Unterrichtsmethoden und den zunehmenden Druck, der auf die Vorschulkinder ausgeübt wird. So wurde u.a. festgestellt: „Kinder dürfen keine Kinder mehr sein." Und: „Es ist bei der Bildung der Vorschulkinder so viel verlorengegangen – nur noch die kognitive Entwicklung zählt."

46. Ausführliche Aufklärung über die Wirkung von Drogen auf die verschiedenen Körper eines Menschen: Ron Dunselman, „In plaats van ik, De verborgen werking van drugs" („Anstelle des Ichs – die heimliche Wirkung von Drogen"), Verlag Freies Geistesleben, 1993

47. Hans Stolp und Margarete van den Brink, „De bijzondere tijjd warin wij leven" („Zeitenwandel"), Verlag Ankh-Hermes, 3. Auflage 2006
48. Matthäus 22, 38f
49. Mehr über den goldenen Mittelweg in meinem Buch „Eerlijk kijken naar jezelf" („Ein ehrlicher Blick auf mich selbst"), Verlag Ankh-Hermes, S. 64f
50. Matthäus 18, 20
51. Siehe Marteen Ploeger, „Anders omgaan met kind en school, Vrije Schoolonderwijs voor nu en later" („Anders umgehen mit Kind und Schule – Freie Schulbildung für jetzt und später"), Verlag Christofoor, 1994, S. 61
52. Siehe Carla Muijsert-van Blitterswijk „Nieuwetijdskinderen" (*„Kinder der Neuen Zeit"*), Verlag Ankh-Hermes, 3. Auflage 2001, S. 36f
53. 2. Mose 20, 5
54. Mehr Aufklärung über die Bewusstseinsseele finden Sie beispielsweise bei Danielle van Dijk, „Het Christusbewustzijn, Een moderne inwijdingsweg" („Das Christusbewusstsein – Ein moderner Einweihungsweg"), Verlag Christofoor, 2. Auflage 2008, S. 161f
55. Hans Stolp, „Eerlijk kijken naar jezelf" (Ein ehrlicher Blick auf mich selbst"), Verlag Ankh-Hermes, 4. Auflage 2008
56. Die *Kinder der Neuen Zeit* dürfen in einer Zeit aufwachsen, in der psychologische Erkenntnisse – im Gegensatz zu früher – „normal" geworden sind. Die Psychologie, die um 1900 von Freud eingeläutet wurde, hat das Stadium einer elitären Wissenschaft schon längst hinter sich gelassen. Ihre Erkenntnisse sind mittlerweile Teil unseres täglichen Lebens. Die Erkenntnisse der Psychologie sind heute Teil unserer Volksseele.
57. Eine Beschreibung der Empfindungsseele, der Verstandesseele und der Bewusstseinsseele finden Sie im „Wörterbuch der Anthroposophie" von Adolf Baumann, mgv-Verlag München 1991, S. 277. Weiter siehe: Rudolf Steiner, „Theosophie", Verlag Freies Geistesleben, 1994
58. Inge Delfin, Steven Dijkstra, Maurits in ,t Veld (Redaktion), „Logos, Onderzoek van de geest, Jaarboek 2010" („Logos – Die Erforschung des Geistes, Jahrbuch 2010"), Verlag Kamerling 2009, S. 10
59. Meg Blackburn Losey trifft in ihrem Buch „Kinderen van nu, over Indigo-Kinderen, kristalkinderen, sterrekinderen, engelen op aarde" („The Children of Now. Kristallkinder, Indigo-Kinder, Sternenkinder und das Phänomen der Übergangskinder"), Panta Rhei 2007, S. 13, eine andere Einteilung: Indigo-Kinder, Kristallkinder, Sternenkinder, Engel auf Erden und Übergangskinder.
60. Siehe Anmerkung 2
61. Eine ausführliche Beschreibung der vier Typen finden Sie bei Carolina Hehenkamp, „Indigo-kinderen als geschenk en uitdaging" („Indigo-Kinder – Geschenk und Herausforderung"), Verlag Panta Rhei, 4. Auflage 2008. Siehe auch Lee Caroll und Jan Tober, „De indigo-kinderen" („Indigo-Kinder"), Verlag Petiet, 2000, S. 25f. An dieser Stelle gibt Nancy Ann Tappe persönlich eine Beschreibung der vier Typen ab.
62. Siehe das Buch von Carolina Hehenkamp, Anmerkung 61, S. 54
63. A.a.O. S. 61
64. Siehe das Buch von Lee Carrroll und Jan Tober, Anmerkung 61, S. 29
65. Siehe das Buch von Carolina Hehenkamp, Anmerkung 61, S. 63
66. A.a.O. S. 99
67. Robert P. Ocker, „Een door het hart ingegeven reis" („Eine Reise, die mir das Herz eingab"), in: Lee Caroll und Jan Tober, „De indigo-kinderen" („Indigo-Kinder"), Verlag Petiet, 2000, S. 131f
68. Diesen schönen, vielsagenden Begriff entlehne ich Carla Muijsert, „Nieuwetijdskinderen" (*„Kinder der Neuen Zeit"*), Verlag Ankh-Hermes, 2000, S. 169
69. Siehe Carolina Hehenkamp, Anmerkung 61, S. 103
70. A.a.O. S. 104
71. Siehe Carla Muijsert-van Blitterswijk, „Ieder kind in zijn eigen kracht, gedrag en intuitief bewustzijn" („Jedes Kind in seiner eigenen Kraft, Verhalten und Bewusstsein"), Verlag Ankh-Hermes, 2000, S. 115f
72. Lee Carrroll und Jan Tober, siehe Anmerkung 61, S. 114
73. Siehe Anmerkung 17
74. Siehe Carolina Hehenkamp, Anmerkung 61, S. 123
75. A.a.O., 151f
76. Siehe Georg Kühlewind, „Sterrenkinderen" („Sternkinder"), Verlag Christofoor 2003, S. 136
77. Über die mit diesem Punkt angeschnittene Entwicklung hat Margarete van den Brink ein faszinierendes Buch geschrieben: „Spirituele ontwikkeling van mens en organisatie in zeven fasen" („Spirituelle Entwicklung von Mensch und Organisationen in sieben Phasen"), Verlag Ankh-Hermes

2002. In diesem Buch beschreibt sie u.a. das Wachstum, das wir in der heutigen Zeit durchmachen, was unseren Umgang miteinander betrifft: Von der Ebene des Egos empor auf die Ebene des Höheren Selbst. Um dieses für unsere Zeit so unverzichtbare Wachstum zu ermöglichen, lernen Sie u.a., dass man nicht nur sich selbst einbringen muss, wenn man eine gemeinsame Aufgabe gut erfüllen möchte, sondern dass auch das Engagement der anderen wichtig ist. Diese Beteiligung erfolgt jedoch in einer Atmosphäre von Respekt und Gleichberechtigung. Siehe weiter S. 84f und 156f

78. Kabir Jaff und Ritama Davidson, „Indigo-Erwachsene – Wegbereiter einer neuen Gesellschaft", AMRA Verlag 2008, S. 197

79. Eine ausführliche Erklärung zur Bedeutung der Freiheit in unserer heutigen Zeit finden Sie bei: Margarete van den Brink, „De weg naar vrijheid" („Der Weg, der in die Freiheit führt"), Verlag Ten Have, 2006

Hans Stolp
Die erlösende Kraft des Verzeihens
Durch aufrichtiges Vergeben alte Bande
auflösen und wahrhaft frei werden
(ISBN 3-89427-279-1), 160 Seiten

Die größte Schwierigkeit, die auf dem geistigen
Pfad vor den meisten Menschen liegt, ist die
fehlende Bereitschaft, alte Verletzungen zu vergeben oder Menschen zu verzeihen, die einem
einst geschadet haben. Es wird dabei weitgehend
übersehen, dass derjenige, dem durch dieses Verhalten am meisten geschadet wird - man selbst
ist! In seinem berührenden und aufrüttelnden
Buch weist Hans Stolp Wege, um aus der Fal-
le des Nicht-Verzeihen-Könnens herauszufinden. Wem es gelingt, sich
alte Verletzungen oder Kränkungen wirklich bewusst zu machen und
durch die Liebe zu verwandeln, wird eine neue innere Freiheit finden.
Eine Freiheit, die dann eine außerordentliche Heilkraft entfaltet, um am
Ende dieses Prozesses dem Leben einen neuen Menschen zu schenken.
Ein wundervoller Wegbegleiter durch die Schwierigkeiten menschlicher
Beziehungen und ein wahrer Führer ins LICHT.

Hans Stolp
Sinnvoll leben – glücklich lieben
Einfache Wege aus dem Beziehungs-Chaos
(ISBN 978-3-89427-466-5), 200 Seiten,

Es gibt zurzeit eine Fülle an Ratgebern, die mit
mehr oder weniger gelungenen Ratschlägen
das jeweilige „Patentrezept" verkünden, wie
Beziehungen auf einfache Art und Weise glück-
lich und erfolgreich werden. Diesen Weg schlägt
Hans Stolp nicht ein. Stattdessen versucht er,
das „Geheimnis von Beziehungen" von seinem
Wesen her zu entschlüsseln. Dabei kommt er zu
dem Ergebnis, dass Beziehungen sehr viel mit
„Selbsterkenntnis" zu tun haben. Wer den Schlüssel zur Lösung seiner
Beziehungsprobleme im Anderen sucht, wird sein Leben lang mit dieser
Problematik zu kämpfen haben. „Nach innen geht der geheimnisvolle
Weg!" Das Geheimnis der Liebe und damit auch das Geheimnis lie-
bevoller Beziehungen liegt im innersten Wesensgrund jedes einzelnen
Menschen. Ein berührendes Buch, das kein „Ratgeber" im üblichen Sinne
sein möchte, sondern ein „Weg-Begleiter" auf einer geheimnisvollen Reise
nach innen und zur Begegnung mit der wahren Liebe!